조상님이 지으신 작은 궁전

조상님이 지으신 작은 궁전

甘露 김미옥

수필과비평사

| 책을 내면서

연어의 귀향처럼 도시의 삶을 정리하고 고향으로 돌아왔습니다.

조상님이 살았던 터전 위에 남편은 "이곳에 조상님의 얼과 우리들의 열매를 심자."고 했습니다. 이 날을 위해 부모님이 돌아가시고 아무도 살지 않는 빈집에 27년이 지난 오늘까지 전기와 전화요금을 낸 덕분에 부모님이 쓰시던 전화번호를 그대로 쓸 수 있었습니다.

지난날을 되돌아볼 때 모든 것이 하늘의 섭리라는 생각이 듭니다.

45년 전 남편을 처음 만났을 때 고향에 내려가 집을 짓겠다며 종이에 그린 집이 지금의 집과 닮아있으니 내가 걸어온 삶조차도 이미 정해진 길이라는 것을 느낄 수 있었습니다.

이 집을 짓는 것 또한 거부할 수 없는 내 운명이라는 사실과 집을 지으면서 과정을 기록하고 글로 이 집의 역사를 남기는 것이 도리라 여겨집니다. 이 책 속에서 밝혔듯이 집을 짓는 과정에서 많은 어려움이 있었지만 그때마다 해결해 주시고 이끌어 주시는 조상님들의 따뜻한 손길을 알 수 있었습니다. 처음은 작은 집을 지으려고 했지만 조상님들의 뜻인지 크고 튼튼해서 남들이 궁전 같다는 집을 짓게 되었습니다.

풍수에 맞게 복福있는 집으로 지어서 생활하는 데 걱정이 없고 먹을 것이 항상 풍부하고 건강까지 좋아지니 살면 살수록 감사하고 고마운 마음이 듭니다. 주변의 자연 풍광이 아름답다 보니 오는 사람마다 좋아하고 마음이 편하다고 합니다. 앞으로 누구든지 오셔서 편히 쉬면서 바쁜 생활에 지친 심신을 위로받으며 행복했으면 좋겠습니다. 처음부터 이 집을 지으면서 온몸을 아끼지 않으며 정성을 들이는 손끝 하나에도 희열과 성취감을 느낀다는 남편 역시 이 집을 완성하라는 조상님의 뜻을 이루었다 생각합니다.

집을 착공하고 2년 5개월이 지나 드디어 준공이 되었습니다.

초록으로 펼쳐진 정원과 궁전 같은 집을 보며 모든 사람들의 안식처가 되기를 소망해봅니다.

이 집을 짓게 해주신 조상님께 이 책을 바칩니다.

| 차례

맑은 공기와 푸른 자연이 펼쳐져 있고 밤하늘은 보석처럼 반짝이는 별들의 밭이 되고 기둥 사이로 보이는 달은 아늑한 꿈의 동산이다.

방안에 누워서도 기품 있는 소나무가 보이고 달과 별이 보인다. 내가 방안에 누워있는 것인지 자연 속에 누워있는 것인지 분간이 안 된다.

우리가 죽고 나서도 후손들이 조상님이 지어준 작은 궁전에서 평화스럽고 행복하게 살아가기를 기원한다.

고향집으로

자연의 이치나 사람들이 살아가면서 이루어지는 것은 모두 때가 되어야 한다는 것을 새삼 깨닫게 된다. 씨를 뿌리고 열매를 맺고 익기까지 과정들을 거쳐야하고 기다림이 없이 욕심만으로 조급해진다면 원하는 것을 얻지 못하는 것 같다. 그토록 빨리 고향땅으로 내려가서 집을 짓고 싶었지만 때가 주어지지 않아서 환갑을 훨씬 넘기고 말았다.

시부모님이 일찍 세상을 떠나는 바람에 주인의 돌봄이 없어서인지 고향 집은 그냥 허물어져갔다. 일 년에 두 번 정도 성묘 때나 시제時祭 때 내려가서 집을 한 번 둘러보고 오는 것이 고작이었다.

또 서울생활이라는 것이 아이들의 교육과 경제적인 여유가 없다보니 고향에 내려가야 한다는 생각은 마음속에만 간직하고 살 수밖에 없었다. 나중에 아이들이 다 커서 결혼하고 나면 고향 가

서 집 짓고 조상님이 대대로 사셨던 터전에 대代를 이어서 살겠다고 다짐했다. 그래서 부모님이 돌아가시고 난 뒤에도 아무도 살지 않는 고향집에 전화나 전기요금을 27년간이나 내면서 살았다.

몇 년 전에 시골에 사셨던 친정어머니를 모시게 되면서 더 시골로 내려가고 싶었다. 시골 생활에 익숙한 어머니를 좀 더 편안히 모시고 싶었기 때문이다. 그런 내 마음과는 달리 아이들은 결혼도 하지 않았고 또 내려갈 여건도 되지 않아서 미루고 있었는데 결국은 어머니마저 돌아가시고 말았다.

45년 전 남편을 처음 만났을 때 남편은 칠남매에 종갓집 장남이라고 했다. 그리고 다음에 시골에 내려가서 옛날부터 가호家號가 대문집으로 불려오던 시골집을 새로 짓겠다며 하얀 종이에 돌을 쌓아 만든 작은 궁전 같은 집을 그렸었다.

칠남매에 장남과 종갓집은 생각도 나지 않았는데 고향에 작은 궁전을 짓겠다는 말은 살아오면서 내내 마음속에 남아 있었다.

고향집은 도시와 떨어져 교통이 많이 불편한 곳이다. 그래서 시골로 내려가기 전에 서울에 살면서 이루어야 할 일들을 하기 위해 준비도 많이 하고 뜻도 이루었다.

덕분에 남편은 서예로 국전에 당선되고 나 또한 마음속에 간직한 문학에 대한 열정으로 수필가로 등단하여 책까지 출간하였다. 그리고 집을 지을 때 필요한 역학이나 풍수지리도 오랫동안 공부할 수 있었다는 것과 집을 지을 수 있는 여건과 건강까지 만들어 주셨다는 점이 이제 때가 되었으니 시골로 내려가 집을 지으라는 조상님의 계시 같았다.

아이들은 우리가 고향에 집을 지으러 내려간다고 했을 때 부모님 건강에 문제가 생기면 병원이 멀어 시골에서 어떻게 하느냐고 걱정했지만 나이가 더 들기 전에 꼭 이루어야 할 과제가 집을 짓는 일이라는 것을 알았기에 더 머뭇거릴 이유가 없었다. 도시에 살면서 내 꿈은 항상 고향에 내려가 시부모님이 사셨던 고향 집을 다시 지어 살면서 자식들의 휴식처가 되게 하리라 생각했다. 그동안 아이들도 잘 자라주고 결혼해서 제 가정을 꾸렸기 때문에 이제 우리들의 마지막 꿈을 위해 날개를 펼칠 차례다.

2012년 3월 5일 이 날은 내 평생 잊지 못할 날이다. 하늘의 섭리가 이끄는 대로 그립던 고향에 내려간 날이다.

살아오는 동안에는 하늘의 섭리나 필연이나 그런 것들을 생각지도 않았다. 마음먹은 일들이 뜻대로 되지 않았을 때 그저 속상하고 괴로워했고 기쁜 일이 있으면 즐겁고 행복했다.

아주 작은 일이거나 별일도 아닌 것도 무슨 큰일처럼 생각할 때도 많았던 젊은 날들에 절로 웃음이 나온다.

당장 필요한 살림도구와 고향 분들에게 줄 선물만도 짐의 무게가 컸다. 서울을 떠나 고속버스를 타면서 미래에 대한 설렘과 기대로 가슴이 벅찼다. 서울에서 맑았던 날이 시골로 내려갈수록 비가 많이 왔다. 합천에 사시는 남편 사촌형님 내외분께서 마중을 나오셨고 그분 차에 짐을 싣고 고향집으로 향했다.

고향집의 주소는 경상남도 고성군 영오면 오서리 145번지다. 동네 이름을 그냥 옵실이라고 한다. 선조 때부터 아버님 대代까지 대대로 이곳에 터를 잡고 사셨다. 배산임수背山臨水, 전저후고前低後高, 전착후관前窄後寬이 갖추어진 집, 명당의 길지로 전해내려오고 있었지만 부모님 돌아가시고 버려진 집은 쑥대밭이 따로 없었다. 집 주위에 있던 대나무 밭에서 대나무들이 뿌리를 내려 집마당까지 점령했다. 비는 오고 대나무에 둘러싸인 집은 으스스한 기운까지 들었다.

고향집! 한껏 숨을 들이마셔본다. 도시에 살면서 언젠가는 돌아가겠다고 마음속에 약속한 집이다. 비록 습기를 머금고 있지만 공기부터 나를 사로잡았다.

동네친척 분들을 찾아뵙고 이제 고향에 오겠다고 했더니 많이들 반가워 해주셨다.

사천에 방을 구하다

사천으로 갔다. 고향집 가까이에는 머물 수 있는 숙소가 없는데다 그나마 가까운 곳이 사천이기 때문이다. 서울에서 인터넷으로 복덕방을 찾아봤을 때 사천에 덕진이라는 복덕방이 한군데 있었고 방이 있다는 것을 전화로 확인했다. 그때 생각은 집을 짓는데 3개월 정도라고 하니 집 지을 때까지만 있게 될 집을 구하는데 특별히 따질 필요가 없는 것 같았기 때문이다.

오피스텔에 빈방은 305호였다. 오래전에 학교선생님이 계셨다가 진주로 전근 가고 나서 계속 비어있었다고 한다. 305호면 화풍정火風鼎으로 여러 사람을 기쁘게 하며 지날수록 좋게 되는 운이다. 오피스텔주인은 전화로 확인하고 방을 계약해서 들어오는 사람도 있구나 하는 눈치였다. 사촌형님네는 비는 오고 낯선 타지에서 당장 먹는 것도 불편하겠다는 생각을 하시고 도시락을 준비해 오셨다. 처음 짐을 풀고 방도 추워서 보일러를 올렸더니 11도였다. 온도를 25까지 올려놓고 방바닥에 담요를 깔았다. 3월인데 이렇게 추울 줄 생각지도 못했다.

형님이 가시고 우리는 필수품도 살 겸 집 근처를 한 바퀴 돌아보았다. 나는 우리가 얻은 오피스텔도 그냥 우연히 아니라 필연이라는 생각이 들었다. 이곳은 주택지이고 또 사천에 공단이 들어서는 바람에 방의 수요가 늘어나 원룸과 주택을 많이 짓고 있었다. 집 짓는 전문지식이 없는 우리에게는 여러 가지로 도움이 되었다.

시골에 가려면 차가 있어야 하는데 차부터 살까 하다가 우선 시골집으로 가는 방향이라도 알아두려고 버스정류소를 찾았다. 아무리 기다려도 버스는 오지 않고 택시도 그냥 지나가 버렸다. 점심때가 되어 빈 택시를 타게 되었는데 이곳에서는 고향집 가는 버스노선이 없다는 것을 알게 되었다. 그리고 사천에는 터미널 이외에는 전부 콜로 택시를 부른다는 것도 알았고 서울처럼 지나가는 빈 택시를 손을 들어 잡기는 거의 없었다.

다행히 점심식사를 하기 위해 집으로 가는 도중에 우리를 발견하고 태워 주신 분이 바로 정 사장님이다.

일 년 넘도록 우리를 사천에서 고향집까지 태워주시고 또 고향집에서 사천까지 태워주시며 여러 도움을 주셨다.

그날부터 아침에 도시락을 싸가지고 가서 저녁에야 돌아오는 일을 계속했다. 옛날에는 대밭과 산이 있는 집은 부잣집이라고 했는데 그 이유는 대나무로 생활용품을 만들었고 나무는 땔감으로 사용했기 때문이다. 요즈음은 플라스틱 제품과 값싼 중국산에 밀려 대나무는 돈이 되지 않고 땔감은 기름보일러로 바뀌었다. 사람들도 나무를 하지 않으니 다른 일들을 할 수 있게 되고 덕분에 산은 울창하게 숲을 이루었다.

집을 둘러싸고 있는 대나무를 보니 어떻게 해야 할지 엄두가 나지 않았지만 마음을 다잡았다. 우선 집 주위에 있는 대나무부터 베어내는 것이 먼저였다. 집을 철거하자면 짐을 마당으로 실어 내어야 하는데 대나무가 마당을 점령하고 있어 차가 들어올 수가 없다.

다행히 사천에 대나무 사고 파는 회사가 있어 부탁을 했다.

대나무 베어내기

대나무값을 받지 않겠다며 대나무를 베어 달라고 했더니 일주일 후 인부 다섯 명을 보내왔다.

인부 중에 두 사람은 우크라이나 사람으로 힘들고 어려운 일은 도맡아 했는데 이런 시골까지 외국인들이 일을 하는 것을 보니 앞으로 우리나라도 세계화가 되겠다는 생각이 들었다. 대나무를 톱으로 자르고 잔가지를 쳐내고 옮기는 과정이 보통 힘든 일이 아니었다. 댓개비들은 또 무더기를 이루어 그것을 치우려면 혼자서는 힘든 일이다. 남편은 별도로 임금을 주고 젊은 우크라이나 사람과 함께 잔가지들을 묶어서 어깨에 메고 아래 대나무밭에 쌓았다. 아침에는 얼음까지 얼 정도로 추웠는데 무거운 댓개비다발을 어깨에 짊어지고 비탈길을 왔다 갔다 하면 더워서 땀에 옷이 다 젖는다.

너무 열심히 일에 빠지다 보면 다른 곳에 신경 쓸 겨를이 없다.

딸이 아빠가 전화를 안 받는다고 나한테 연락이 와서 남편에게 전화 받으라고 했더니 그제야 남편 휴대폰이 없어진 것을 알았다. 당황한 남편은 어디서 잃어버렸는지 모른다고 어쩔 줄 모른다. 전화번호를 전부 외우지도 못하고 필요한 곳에 전화를 걸거나 전화가 올 수도 있기 때문이다. 나는 계속 남편 휴대폰으로 전화를 걸었다. 전화벨만 끝없이 울릴 뿐이다. 한참 만에 같이 일하던 젊은 분이 남편휴대폰을 찾아 주었다. 아래 대나무밭 잔가지 속에서 벨이 울려 찾았다는 것이다. 너무 고맙다. 이번뿐 아니라 나 역시 조카결혼식이 있어 사천서 택시를 타고 서울에 가다가 휴대폰을 택시에 두고 내렸다. 서울 가는 버스는 곧 출발하려는데 어디서 택시를 찾아야 하는지 어디로 전화를 해야 하는지 어쩔 줄 몰라 하는데 마침 정 사장님을 만나 내가 타고 온 택시를 바로 만날 수 있었다. 휴대폰도 찾고 버스도 바로 탈 수 있었다. 그 뒤로 휴대폰을 잘 챙기게 되었다. 만일에 또 잃어버릴까 휴대폰에 저장된 번호를 모두 노트에 옮겨 두었다. 보름 정도 되어서 대나무 베는 일은 끝이 났다. 우거졌던 대나무를 다 베어 내고 보니 대나무 때문에 보이지 않았던 주위의 풍광이 훤하게 눈에 들어온다. 대나무에 가려졌던 집 뒤쪽에 있던 아름드리 소나무는 거북등 같은 무늬를 몸에 새기고 아름다운 푸른 잎을 자랑했다. 산자락으로 들어

오는 산에는 어린잎들이 고개를 내밀어 봄의 정령들이 숲을 감싸고 있는 것 같았다. 소나무뿐 아니라 참나무와 여러 나무들이 모두 백 년이 넘는 오래된 나무였는데 놀란 것은 집 뒤쪽 언덕에 등나무 두 그루가 참나무 두 그루를 칭칭 휘감고 올라가 있었다. 아직 이른 봄이라 잎이 무성하지 않아서 등나무의 모습이 눈에 환히 들어왔다. 등나무가 얼마나 오랜 세월 동안 참나무를 감고 있었으면 등나무줄기의 굵기도 큰 나무 정도로 두꺼워져 감고 있는 모습은 시커먼 큰 구렁이가 굼틀대며 높은 나무를 휘감고 올라가고 있는 것처럼 차마 보기 무서웠다. 너무 끔찍해서 그냥 베면 무슨 나쁜 일이 일어날 것 같아 불경을 외우면서 남편은 톱으로 등나무 밑둥치부터 잘랐다.

나무 아래 등나무는 베어냈지만 참나무 높은 곳에 감겨있는 등나무 줄기는 떼어내지 못해도 그나마 참나무가 숨을 쉬고 있는 것 같아 마음이 약간 편해졌다. 나중에 태풍이 지나갔을 때 등나무의 줄기는 저절로 바람에 떨어졌다. 등나무 줄기가 다 떨어져도 등나무가 감았던 자국은 참나무에 각인처럼 남아 있었다.

대나무만 없어도 넓은 들판을 보는 것 같아 마음까지 시원했다.

대나무로 가려졌던 땅에는 오랜 세월 동안 쌓여있던 쓰레기와 마을사람들이 버린 쓰레기로 쓰레기장을 방불케 했다. 너무 막막했지만 나는 봉래 양사언의 시조를 생각했다. "태산이 높다 하되

하늘 아래 뫼이로다. 오르고 또 오르면 못 오를리 없건마는 사람이 제 아니 오르고 뫼만 높다 하더라" 모든 일에 노력하면 다 할 수 있다는 이 시는 힘들다고 생각될 때 내가 잘 외우는 시조이기도 하다. 그래서 쓰레기 처리는 나중에 하기로 하고 살림 정리부터 시작했다.

살림 정리

집안은 빗물이 들어와 마루가 썩어 내려앉았고 잘 열리지 않는 장롱 문을 열자 퀘퀘묵은 곰팡이 냄새가 코를 찌른다. 장롱 속에는 시어머님께서 때 묻을까봐 비닐봉투 속에 보관해둔 비로드 한 복감이며 깨끗이 씻어서 풀을 먹여 다림질한 이불홑청이나 시누이들이 놓은 십자수 벽걸이들이 보자기에 싸여 있었다.

장롱 한쪽에는 시아버님 양복이 빼곡히 걸려 있었는데 아낀다고 둔 새 옷들이 여러 벌이나 되었다. 체구가 작으신 아버님 옷을 누구에게 줄 사람도 없었다. 서랍 속에도 시누이들이 보낸 편지들과 세금영수증 같은 서류들이 가지런히 정리되어 평소에도 깔끔한 시어머님의 성격이 곳곳에 나타나 있었다.

시어머님은 너무 일찍 갑자기 돌아가셨다. 미처 죽음을 준비할 겨를도 없었다. 한 번도 사용하지 못한 그릇이며 냄비들까지 어머님의 손길을 기다리는 물건들을 그대로 놓아둔 채로 하늘나라로 가시고 말았다. 나는 시부모님들이 쓰시던 물건들을 보며 우리들 인생도 이와 같다는 생각이 들었다. 언제 어떻게 죽음을 맞이할지는 아무도 모른다. 나 역시 죽게 되면 내 자식들이 나와 같은 생각을 하겠지. 살다가 하늘이 부르면 하던 일 그대로 둔 채 말없이 저세상으로 가야 된다는 것이 우리 인생의 이치인 것이다.

창고에는 평소에 기계 만지기를 좋아하시던 시아버지의 손때가 묻은 경운기, 고장 난 가전제품이나 연장들이 녹이 나서 못쓰게 된 것이 많았다. 쓸 수 있는 물건들과 부모님이 아끼는 물건과 필요하다고 생각되는 것은 골라서 사천 오피스텔로 실어 날랐다.

부모님이 쓰셨던 물건들을 보면 돌아가신 시부모님이 그립고 친정어머니가 보고 싶다. 무한한 사랑과 보호로 자식을 지켜주는 것이 부모의 마음이기 때문에 부모님의 유품을 가지고 있으면 보고 싶은 마음이 위로가 된다. 그래서 나는 친정 부모님이 읽어서 닳은 불경 책을 한지를 붙여 깨끗이 해서 내 것인 양 아낀다. 큰시누이가 시어머니께서 쓰시던 재봉틀을 달라고 했다. 큰시누이도 역시 어머니가 보고 싶고 그리웠을 것이다. 진주에서 큰아주버님과 큰시누이가 오셔서 너무 오랫동안 방치해 두어서 나무 부분이 부서진 재봉틀을 가지고 가셨다. 큰시누이는 재봉틀을 가지고 가면서 어머니 보는 듯이 하겠다고 한다. 나는 장롱 속에 가득

들어 있던 이불을 모두 꺼냈다. 곰팡이 냄새가 심하게 났지만 부모님이 쓰시던 것이라 생각하니 햇볕에 잘 말리고 깨끗이 하면 되겠다 싶어 괜찮은 솜이불을 골라 보았다. 솜을 틀어 새 이불을 만들어 겨울에 따뜻하게 덮을 수 있으면 좋겠다는 생각으로 솜 트는 집을 수소문했다. 여러 사람들에게 물어도 아는 사람이 없었다. 사람들이 가볍고 세탁하기 쉬운 캐시밀론 이불을 선호하는 까닭에 솜틀집이 없어졌다고 한다. 다행히 진주에 한 곳이 있었는데 옵실이 진주가 아니라서 올 수가 없단다. 차는 없고 택시비를 주겠다고 사정해서 와주었는데 고맙게도 택시비는 받지 않고 솜을 가지고 갔다.

고물로 주다

옛날 족보와 무거운 물건들은 다행히 앞집 아줌마가 맡아주겠다고 해서 고맙다. 조용하고 변화가 없던 마을에 폐허처럼 버려진 집을 새로 짓는다고 하니 마을 사람들도 기대와 호기심이 생기는 것 같다. 집 짓는 과정을 수시로 보고 간다.

집을 헐고 나면 햇볕이라도 피해야 하므로 서울 올라갔을 때 조립식주택을 시골로 배달시켰다.

배달해 주시는 아저씨는 개울에서 흘러내리는 물을 보고 나도 여기서 살고 싶다고 주위경관에 감탄한다. 이장 아저씨가 밭을 제공해 주시고 큰아들이 내려와 주택을 조립했다. 덕분에 짐도 넣고 그늘도 피하고 음식도 먹는 휴식처가 되었다.

필요한 물건들을 따로 모아두고 나머지는 진주에 있는 고물상을 불러 고물로 주었다. 요즈음은 옷이나 담요도 고물로 가져가

기 때문에 많은 물건들이 그냥 버려지지 않고 재활용된다고 생각하니 조금은 위안이 된다. 아버님이 쓰시던 경운기부터 못 같은 작은 쇠붙이까지 고물이 될 물건들은 대부분 가지고 갔기 때문에 막막하기만 했던 많은 짐들을 치울 수 있었다. 고물을 가지고 가는 데도 3일이나 걸렸다.

마을에서는 시아버님을 아직도 존경하고 잊지 못하시는 분이 많이 계셨다. 시아버님은 향교 전교鄕校典敎를 지내셨고 면장까지 하시면서 마을을 위해서 많은 일을 하셨기 때문에 고향집은 최 면장님댁으로 통한다. 그리고 증조부님께서 물려주신 연못이 마을 입구에 있었는데 물고기도 잡고 마을 쉼터로 사용했지만 몇십 년 내버려 두었더니 잡초만 우거졌다. 몇 년 전 연못을 개발하고 쉼터로 삼고 싶다고 마을을 대표하는 어르신들이 서울 집으로 찾아왔었는데 그때 남편은 흔쾌히 마을에 기증했다. 마을에서는 군청에 보조금을 받아 휴식공간도 만들고 잔디와 나무도 심고 운동기구도 설치하고 정자도 세워 현재는 마을주민들의 쉼터로 활용하고 있다.

철거하기

살림살이를 정리하고 다음은 집을 철거를 해야 하는데 집 주위에 오래된 쓰레기며 쌓여있는 폐기물들도 골칫거리다. 옛날에는 초가집을 슬레이트지붕으로 개량했지만 요즈음은 슬레이트는 석면이 노출된다고 쓰지 않고 양철지붕으로 조금씩 개량하고 있다.

그런 관계로 깨어진 슬레이트 조각들도 대밭 속에서 무더기로 나왔다.

환경업체에서 철거비용에 따른 견적을 내려고 김 대리가 나왔다.

남편은 마을에서 버린 많은 쓰레기를 이번 기회에 같이 버려 달라고 했더니 원하는 대로 해주겠단다.

철거를 하기 전에 남편과 나는 새벽부터 도시락을 싸가지고 택시를 타고 시골로 와서 하루 일과가 쓰레기 줍는 일이다.

흙 속에 묻혀 있는 쓰레기는 파도파도 끝이 없는 것처럼 계속 나왔다.

깨진 거울이며 그릇들 건축폐기물과 자동차 타이어와 여러 가지 물건들이다. 옛날부터 마땅히 버릴 곳이 없는데 대밭 속이라고 아무도 보지 않을 것이라 믿고 주위사람들이 버렸던 쓰레기들이다.

쓰레기더미 속에서 아버님이 쓰셨던 라디오 부속 같은 것과 시누이들의 신발 등 아버님이 사용했던 물건이 나올 때마다 남편은 아버지! 하고 작은 소리로 부른다. 아마도 아버님과의 추억과 사용했던 물건들이 떠올라 그리움이 더 컸을 것이다. 그렇게 많던 쓰레기도 차곡차곡 자루에 담아 한쪽에 쌓아 두니 많이 깨끗해졌다.

새집을 곳은 깨끗한 곳에 짓고 싶었고 또 마을도 쓰레기가 없는 좋은 환경이 되었으면 하는 바람으로 주위에 있는 쓰레기와 또 버리기 힘든 폐기물도 이번 공사를 기회로 삼아 한꺼번에 없애려고 부지런히 쓰레기를 자루에 담았다. 철거를 시작하기 전에 슬레이트 지붕으로 된 거름간은 석면이 노출된다고 환경반 직원들이 흰옷과 모자, 마스크까지 쓰고서 슬레이트를 조심스럽게 포장했다. 철거가 시작되었다. 집 부수는 소리가 쿵쿵거리며 마을을 뒤흔들었다. 앞집에 사시는 분은 개가 임신을 했는데 소리가 요란하니까 유산될까봐 개를 다른 곳으로 보내기도 했다. 집게 달린 큰 포

클레인이 집을 부수었고 주위에 있던 오래되고 키 큰 나무들까지 목련만 빼고 다 실어나갔다. 목련은 남편이 어릴 때 꺾꽂이해서 심었다는데 수십 년 동안 마당을 지키면서 집 지붕보다 높이 자랐다. 그리고 하얀 꽃이 얼마나 화려하게 피어 있는지 감탄할 정도다. 집을 짓는 데 장애물이 될 만한 것은 모두 덤프트럭에 실려 나갔다. 나무는 톱밥으로 만들고 콘크리트는 부수어 자갈대신 사용한다고 했다. 쓰레기도 재활용할 수 있다니 다행이다. 비가 적당히 와주어 철거하시는 분은 먼지가 안 나서 다행이란다. 지붕이 무너지고 뒤엉킨 철근이 드러나고 고물 처리도 되지 않은 가구들이 포클레인에 찍혀 부서진다. 마음이 착잡했다. 그 당시는 마을에서도 잘 지은 집이라고 했지만 포클레인이 이틀 정도 작업을 했는데 콘크리트집 한 채가 없어졌다. 김대리는 약속대로 마을에 쌓여있던 쓰레기도 전부 차로 실어나갔다. 건축폐기물과 쓰레기를 실어 나르는 데 4일이나 걸렸다. 집의 잔해도 쓰레기도 없는 이곳에 새집을 짓는다고 생각하니 홀가분하면서 기대가 된다.

땅 고르기

서울에서 아들과 며느리가 손자들에게 고성공룡엑스포구경을 시켜준다고 시골에 들렀다. 마당에 핀 목련을 보고 감탄한다. 지금 목련은 하얀 꽃을 눈이 부실 정도로 마음껏 뽐내고 있다. 아들은 집을 짓는다고 하더니 아무것도 없으니 실망하는 눈치 같았다. 나는 이제 집터를 고르고 땅을 다진 후에 집 공사가 들어간다고 설명했다. 아이들이 떠나고 난 뒤 땅을 고르기 위해 포클레인을 불렀다. 옛날 집에는 지하실이 있어서 이번 철거로 지하실을 메우는 작업을 해야 했다. 대나무는 없어도 대나무뿌리는 땅속에서 넓게 퍼져 있다. 대나무뿌리는 작은 것이라도 땅속에 있으면 살아나고 또 방구들도 뚫고 나온다며 뿌리를 파 들어내지 않으면 큰일이라고 한다. 그래서 대나무뿌리는 포클레인이 파내고 남편과 나는 흙 속을 뒤져서 대나무뿌리를 찾아내 버리는 데 거의 하

루 종일이다.

대나무뿌리만 따로 모아 두었는데 작은 동산만큼이다. 또 땅속에서 큰 칡이 한 가마니나 나왔다. 그동안 땅속에서 얼마나 세력을 넓히며 뻗어나갔으면 이렇게 많이 컸을까? 칡은 몸에 좋다고 여러 사람이 나누어 가지고 갔다.

떨어진 옷

5월 달이라 낮에는 더웠다. 또 일을 하니까 땀이 비 오듯 했고 옷은 물에 젖은 빨래 같았다. 몸이 지치고 힘들어도 즐겁고 힘이 났다. 옷이 땀에 절고 일을 하니까 속옷도 해지고 겉옷도 찢어졌다. 남편은 떨어진 옷을 보고 흐뭇한가보다. 떨어진 옷을 입으면 마음이 뿌듯하고 기분이 좋단다. 예전에 돌아가신 현대 정주영 회장님이 서산농장에 가시면 30년 넘은 여기저기 꿰맨 작업복을 즐겨 입으셨다고 하고 조계종 종정 성철스님도 누더기 옷을 즐겨 입었다고 했다. 아마도 보람의 대가가 아닌가 한다. 남편은 작업복에 흙이 묻어 있는 상태로 일이 끝나면 택시를 타고 사천으로 갈 때가 있는데 어떤 때는 우유를 사기 위해 오피스텔 앞에 내리지 않고 편의점 앞에 내릴 때가 있다. 흙이 묻은 옷 모양새를 사람들이 이상한 눈으로 쳐다보기도 한다.

저녁에 세탁을 해서 마르면 입고 같은 옷을 반복해서 입으니 옷이 떨어질 수밖에 없다. 그래도 남편은 사람들 의식하지 않고 그런 옷차림을 더 자랑스럽게 생각했다.

약 600평 되는 땅에 집도 철거되고 대나무도 없으니 넓은 큰 운동장 같았다. 마을에 사시는 아주머니는 처음에는 대나무나 잡초가 무성한 집을 보고 자손들이 고향에는 안 돌아올 줄 알았다고 생각했는데 집터 닦는 것을 보니 마을이 다 환하다며 좋아했다.

집터 닦는 것을 본 타지에서 오신 분이 우리가 궁금한지 어디 살다 오는 것이냐고 물었다. 내가 서울 살다 고향에 돌아온다고 했더니 자기는 부산 살다 이곳에 이사 온 지 4년이나 되었다면서 동네사람들이 텃새를 하는 바람에 처음에는 많은 괴로움이 따랐고 지금도 사람들 눈치를 살핀다고 한다.

서로 돕고 다정하게 살면 좋을 텐데 왜 그럴까? 앞으로 잘 지내보자고 했더니 웃는다.

목련이 쓰러지다

키가 크고 우아한 목련꽃이 얼마나 아름다웠으면 길을 지나가다가 목련나무를 보고 찾아왔다고 했다. 나무농장을 하시는 분인데 목련을 100만 원에 사겠다고 한다. 좋은 곳에 가서 살면 좋은 일이다 싶어 남편은 그러라고 했다. 일주일 후에 목련을 가져가겠다고 하면서 농장주인은 돌아갔다.

바람이 많이 불던 날 탐스럽게 핀 목련꽃도 다 떨어지고 잎만 무성하다. 그날도 포클레인기사가 열심히 마당을 고르고 있었는데 마을에 친척분이 오셔서 마당에 있는 목련나무를 보고 키 큰 나무가 있으면 낙엽도 떨어지고 안 좋다고 없애라고 한다. 그래서 남편이 내일이면 나무 사장이 와서 목련을 사가지고 갈 것이라 했다. 내일이 바로 농장주인이 말한 일주일이다. 그러면서 목련나무를 만지며 이제 이별해야 되겠구나 했다. 남편은 내일 나무가

팔려갈 것을 서운해 이별해야겠다고 말했는데 그 모습을 본 포클레인기사는 나무를 없애라는 뜻인 줄 알고 내가 죽순을 벤다고 산으로 갔고 남편 또한 잠깐 자리를 비운 사이에 기사는 포클레인으로 목련을 쓰러뜨렸다. 그냥 넘어진 게 아니고 잔가지는 모조리 잘라 버렸다. 정말 순식간이다. 목련이 쓰러지기 전에 한 사람이라도 그 자리에 있었으면 목련은 무사했을 것이다. 목련은 덩치에 비해 생각보다 뿌리는 작았는데 나와 남편이 왔을 때는 너무나 처참하게 잘려져 있었다. 목련이 이곳을 떠나기 싫어 죽기로 작정했다는 생각이 들어 술을 뿌려 기도하며 위로했다. 다행히 만발한 꽃으로 화려함을 보여주었고 푸른 잎만 남았을 때 이런 일을 당해서 그나마 다행인가? 혹시라도 살아남을까 해서 가지들을 군데군데 심어놓았다. 우리의 행동을 본 포클레인기사는 미안해한다.

남편은 모든 것이 다 운명이라며 미안해 말라고 했다.

그리고 목련을 사겠다는 나무 사장에게는 목련을 안 팔겠다고 전화를 했더니 화를 냈다고 한다.

설계도면이 나오다

집을 지으려면 집 지을 땅에 측량부터 해야 하므로 다음날 군청에 들러 측량신고를 했다. 새로 지을 집은 크기도 크지만 좌향坐向까지 전에 집과 달라서 145번지와 144번지를 합필했다. 144번지가 크다 보니 번지도 144번지로 바뀌었다.

군청직원은 사람들이 집을 짓고 나면 머리가 하얗게 샌단다. 왜 그러냐고 했더니 집 지은 것이 마음에 안 들어 속상해서 그렇다고 했다. 우리는 왜 속상했을까? 생각했는데 나중에서야 그 사람들 심정을 알 것 같았다. 그동안 남편은 집에 대해 많은 정보를 수집했었다. 예쁘고 멋지다고 느껴지는 집은 사진을 찍어 스크랩을 했고 전원주택만 있는 화보도 열심히 보았다. 건축자재박람회도 다녀오고 좋은 자재를 알아보고 여러 집 짓는 전문가를 만나보았다. 전문가라도 생각이 달라 똑같은 답이 나오는 것이 아니었다. 좋다고 생각되는 집을 보면 주인의 양해를 구하고 집안까지 살펴보았다. 내가 너무 꿈같은 집을 생각하고 있었는지 아무리 좋은 집도 그렇게 마음에 들지 않았다. 아름다운 집으로 추천되고 모두가 칭찬하는 집이라도 집의 겉모양이 예쁘면 안에 구조가 마음에 안 들었다.

마음에 꼭 드는 그런 집은 없는 것인가? 내 나름대로 여태껏 살아오면서 가장 편리한 구조라고 생각해 남편과 의논해서 대충 도면을 만들어서 설계사무소에 전달했다.

주위에서 보면 설계사무소에서 설계해 준대로 했다가 화장실이나 부엌이 작아서 불만이고 또 건축업자에게 맡겨 놓았더니 겉모양은 그럴듯한데 방이 너무 작고 또는 부실공사이거나 자기 생각과 너무 차이가 나거나 건축업자가 잘 알아서 지어주리라 믿었다가 실망하는 일이 비일비재했다.

설계사무소에서 설계도면이 나왔다. 이 실장은 우리의 뜻을 반영해서 도면을 만들었다고 했는데 꼼꼼히 도면을 살펴보니 여러 곳이 문제였다. 화장실이 두 개로 안방에 있는 화장실에는 물리치료까지 할 수 있는 스파가 있는 욕조를 만들 생각이었는데 너무 좁은 것 같았다. 화장실 갈 때마다 작고 좁으면 얼마나 불편할까? 사실 사천에 있는 오피스텔 화장실이 좁아서 들어갈 때마다 짜증이 날 지경이다. 길이가 적어도 250cm고 넓이는 150cm

정도는 되어야 샤워기, 세면대와 변기까지 자리할 수 있다. 설계도면에 나와 있는 화장실은 넓이가 130cm였다. 화장실의 중요함을 모르는 것일까?

건축업자에게 설계도면을 보여 드렸더니 목욕탕도 없애고 다락도 없애라고 했다. 나는 목욕탕은 노인들에게 쑥이나 솔잎, 그리고 약초 같은 것을 넣어서 목욕을 하면 건강에 도움이 되지 않겠느냐고 했더니 노인이 되면 물속에 들어가는 것도 싫어하고 목욕탕을 넣으면 자리만 차지한다고 했다. 다락 같은 경우도 처음에는 독서실을 하느니 아이들 놀이방을 하느니 해도 나중에는 쓰레기와 먼지만 쌓인다고 한다.

일리가 있는 말 같았다. 그래서 목욕탕을 없애고 목욕탕 넓이를 150cm에서 170cm로 늘렸다. 다락도 없애고 다락 부분을 붙박이장으로 변경했고 집 구조도 여러 번 설계변경을 시켰다.

집터도 닦아놓고 설계도면도 나와서 여러 건축업자에게 현장을 보였다. 어떤 분은 집 주위에 옹벽을 쌓아서 흙으로 다져놓고 공사를 해야 한다는 사람과 그냥 땅속에 바위를 넣고 그 위에 기초공사를 하자는 사람, 그리고 땅을 깊이 파고 기초를 단단히 하자는 사람, 공사도 하기 전에 계약금을 삼분의 일로 미리 내라는 사람도 있었다. 또 재료가 많이 들어간다면서 설계된 도면에서 건물 높이를 줄이는 사람도 있었다.

심지어 건축을 한다는 사람이 설계도면을 제대로 보지 못하는 사람도 있고 가격을 너무 많이 부르는 사람도 있었다.

그의 평당 가격은 다 받으면서 실제로는 재료비를 낮추어서 평당 가격 이하로 집을 짓는다고 한다. 남지 않으면 무엇 때문에 일을 하느냐고 했다. 여러 사람을 만나고 의견을 묻고 그러면 더 좋은 답을 얻을 수 있는데 처음 생각한 대로 하다 보면 다시 고칠 수는 없다.

남편은 평생 꿈꾸던 집을 지을 것인데 잘못 짓게 되면 되돌릴 수 없다고 건축업자가 지은 건물을 꼭 한 번 보고 그 실력을 믿고 맡기겠다고 했다. 그래서 그분이 지었다는 집을 구경 차 경치 좋은 산청으로 갔다. 가는 길에 짓다가 만 건물들이 여러 곳에 방치되어 있었다. 그래서 왜 집을 짓다가 말았지? 그랬더니 건축업자가 집을 짓다가 미리 돈을 받아서 가버렸다고 했다. 건축주가 다른 업자를 쓰고 싶어도 다른 건축업자들이 남이 짓던 집은 함부로 손을 댈 수 없다며 집 지을 사람이 없다고 했다. 돈도 날리고 다른 사람을 쓸 수도 없고 건축주만 속이 타는 것이다.

좋은 사람을 만나야 하는데 만나는 사람마다 자신이 제일이라고 자랑이고 남들은 다 사기꾼으로 몰아가니 판단하기가 어렵다.

이 사람을 만나면 이 사람이 최고다 싶고 저 사람을 만나면 또 그 사람이 집을 잘 지어주겠다는 마음이 들었다.

남편은 집을 잘 지으려면 훌륭한 목수가 있어야 한다고 했다.

요즈음은 간단한 조립식주택이 많아 훌륭한 목수를 구하기 어렵다고 한다. 문산에 마음에 드는 집이 있어 그 집을 지은 목수를 수소문해서 찾아뵈었다. 안타깝게도 몸이 아파서 더 이상 일을 할 수가 없었는데 직접 집을 지어본 사람으로 여러 가지 조언을 해 주셨다.

가령 기둥은 한 개보다 두 개가 더 아름답다고 했고 설계도면에 들어간 현관을 밖으로 나오게 해서 마루를 더 넓히면 좋다고 해주셔서 많은 도움이 되었다.

마침 사천에 새로 집을 짓는 곳이 세 군데다. 남편은 우리도 집을 지을 것이라 매일같이 집짓는 곳을 둘러보았다. 재료는 무엇을 쓰며 순서는 어느 곳부터 하는지 꼼꼼하게 기록까지 하며 살펴보았다.

철근도 보기에는 같아 보이지만 국산이면 K로 중국산이면 C로 일본제품이면 J로 표기되어있다. 철근 같은 경우도 평소에는 별 관심도 없었지만 우리가 집을 짓게 되면서 신경을 쓰게 된 것이다. 재료도 KS제품인지 메이커인지 알아보고 가격은 얼마인지 하나하나 노트에 다 적어둔다. 사천에 공사하는 현장 한곳에서 철근을 보니 수입산이었다. 수입산은 국산보다 가격이 쌌는데 남편이 수입산 철근이라고 하자 현장소장이 국산이라며 우겨 따져

봐야 소용없는 일이라서 아무 말 없이 나왔다. 6월이 되니 장마가 왔다. 한 집에서는 신축한 건물지붕에서 비가 많이 새고 있었다. 다음날 신축건물 현장소장인 김 소장을 만나보았다. 김 소장은 지붕을 하고 나면 대부분 비가 샌다며 옛날에는 강모래를 곱게 채에 쳐서 시멘트와 물을 섞어 사용했는데 요즈음은 모래 대신 골재를 섞다 보니 틈이 많이 생겨 그런다고 했다. 아예 방수액을 섞어 쓰든지 아니면 나중에 골재 대신 친 모래를 섞어 방수액을 타서 지붕을 다시 바르면 괜찮다고 했다. 자세히 설명을 해주신 김 소장에게 남편은 의문사항이 있으면 전화를 했다.

방수를 하려면 무엇을 사야 하고 방수액은 얼마나 들어가야 하는지 물었고 그 외에도 귀찮을 정도로 묻는 것 같았다.

어떤 집은 방수도 하지 않고 기와로 바로 지붕을 덮어버리는 경우도 있었다. 기와 때문에 당분간은 비가 새지는 않겠지만 기와가 깨지거나 세월이 흘러 지붕에 틈이 생기면 그때는 비가 샐 것이다. 사실 집을 짓고 나서 지붕에서 비가 새는 경우가 많다고 한다. 기와를 전부 뜯어내고 다시 방수를 한다는 것은 돈도 돈이지만 얼마나 번거롭고 귀찮은 일인가? 남편은 지붕 방수만은 철저히 해야 한다고 다짐한다.

주인이 잘 모르고 남에게 맡기다 보니 알 수가 없다. 그리고 재료를 정품을 쓰는지 가품을 쓰는지도 겉으로 보기에는 잘 구별이 되지도 않으니까 모르고 지나간다. 또 한 집은 집을 짓다가 중단한 채로 있었는데 나중에 알고 보니 현장 소장이 집주인에게 돈을 받고 인부들 노임을 주지 않아 벌어진 일이라고 했다. 설계부분에서도 처음 설계대로 집을 지으면 괜찮은데 집을 짓는 과정에서 마음에 생각한 부분이나 다른 좋은 집을 구경하고 나서 마음이 바뀐 경우에 설계를 변경하게 된다.

설계를 변경해서 좋아지면 좋은데 작은 공간에 다락이나 창고를 만들다보면 나중에는 천장도 낮아지고 답답하고 집을 더 망치는 경우가 있었다.

한번 지으면 다시 뜯어고치기는 매우 어렵다. 어떤 분이 집이 마음에 들지 않았는지 건축업자는 집을 짓고 가버리지만 잘못된 부분을 보는 집 주인은 마음이 괴롭다고 했다. 집은 정말 많이 고민하고 생각해서 지어야겠다. 군청직원이 집 짓고 나면 머리가 하얗게 샌다고 한 말이 떠올랐다.

씨앗을 심다

사천시장을 갔더니 종묘상에 고추와 옥수수, 땅콩, 토마토, 오이, 호박, 가지, 수박까지, 그 이외 내가 알지 못하는 어린 채소들을 모종판에 팔고 있었다. 시골 밭에 심으려고 고추와 호박, 가지, 수박, 땅콩을 몇 개씩 사고 상추씨까지 사가지고 다음날 시골로 가지고 왔다. 몇 십 년 동안 내버려둔 밭에는 이미 풀이 주인이었다. 나는 괭이를 들고 밭으로 가서 골을 만들었다. 겉으로 보기에는 제법 그럴듯했다. 밭고랑 만드는데 허리도 아프고 팔도 아프고 무척이나 힘들었다. 마음은 온갖 채소를 내 손으로 키워 바로 먹을 수 있다고 생각했는데 땅을 파는데도 숨이 차고 땀범벅이다. 풀을 약간 뽑고 상추씨를 뿌리고 고추, 가지, 호박, 수박, 땅콩을 거름도 하지 않고 띄엄띄엄 그냥 심었다. 서울에서 나는 화분에 고추 모종 몇 포기를 사와서 애지중지 키웠었다. 매일 물을 주고 얼마나 크는지 신기한 듯 들여다보고 했는데 이곳은 땅은 넓은데 어떻게 심어야 하는지 몰라서 콩도 여기저기 뿌려놓고 들깨도 뿌려놓았다. 시골 가면 갖가지 채소를 심어서 식탁에도 올리고 또 이웃과 자식들과 나누어 먹어야겠다는 생각을 하고 있었던 터라 무엇이든 심어 놓으면 다 자라줄 것이라 믿었다.

며칠 있으니 상추와 깻잎이 파랗게 올라오고 콩잎도 고개를 내밀었다. 정말 신기했다. 비가 오지 않아 잘 크지 않는 것 같아 물을 계속 주었더니 신기하게도 상추 잎은 뜯어 먹을 수 있었다. 조금 지나니 풀들이 밭을 점령해 버렸다. 어느 날 상추가 전부 녹아버렸다고 할까? 다 죽어버렸다. 나중에 알고 보니 너무 촘촘해서 공기가 들어가지 않고 풀까지 많아 살 수가 없었다. 계획을 세워 제대로 심어야 하는데 모종을 보니 심고 싶은 욕심 때문에 채소들만 죽게 만들었다.

우리 집 앞에는 여든이 넘은 우리 친정어머니를 닮은 할머니와 아들이 살고 옆으로 역시 여든이 넘은 할머니가 혼자 산다. 자식들은 아이들 교육 때문에 진주에 살아서 이웃에 있는 친척집에 왔다 갔다 하면서 외로움을 이겨내고 계시는 것 같았다. 농촌에는 젊은 사람은 그의 없고 나이가 많으신 분들이 많다. 이곳도 마찬가지다. 예전에는 200가구도 넘었다는데 그동안 돌아가시고 또 고향을 떠난 사람들이 있어 남은 가구는 반 정도나 될까?

그래도 대부분 비닐하우스를 해서 옛날보다 잘 살고 있다. 낮에는 비닐하우스에서 호박농사나 고추농사를 해서 동네사람들 보기가 어렵다. 할머니들은 그래도 젊은 우리가 와서 산다고 하니까 좋은지 텃밭에서 기른 시금치, 대파, 양파, 열무 같은 채소들을 갖고 오신다. 앞으로 살면서 잘해드려야겠다.

사천에서 집을 짓는 세 집 중에 한 집이 먼저 기초공사가 끝났다. 남편은 기초공사가 끝난 집 현장소장을 만났다.

박 소장은 남편이 고향에 집을 짓겠다고 하자 자신에게 일을 맡겨달라고 했다. 그리고 집짓는 것 너무 고민 말고 내가 알아서 할 테니 걱정 말라고 큰소리쳤다. 그리고 여러 관공서를 지었고 지금이 집도 곧 끝이 난다면서 다이어리를 펼쳐서 표시를 하더니 다음 달에 시작을 하자고 한다. 집을 어떻게 지어야 할지 많은 사람을 만나 보았지만 아직도 결정을 내리지 못하고 있어서 생각 좀 해보고 답을 주겠다고 돌아왔다. 남편은 현장소장이 필요한 것이 아니고 일 잘하는 목수가 중요하다며 우리가 지을 집과 비슷한 건물을 짓고 있는 집을 들어가 목수를 만나보기로 했다. 그분이 서목수이다. 서 목수는 설계도면을 꼼꼼히 살펴보았다. 어릴 때부터 도목수인 아버지를 따라다니며 44년간 기술을 익혀서 어떤 공사든지 목수일이라면 못하는 것이 없다고 하셨다. 우리 집의 설계도면을 보면 거실 앞에 박공을 만들어 고대그리스의 건축양식인 이오니

아식기둥이 4개나 세워져있다. 기술이 많이 필요한 부분이라 남편은 기둥 부분에 많은 신경을 썼다. 서울에서 기둥을 만드는 회사를 찾아가 특별히 주문하고 우리 집 포인트는 기둥이라며 서 목수에게 할 수 있는지 몇 번을 물어보았다. 현장을 둘러본 서 목수는 집터가 너무 마음에 든다며 자신도 나이가 들면 이런 땅에 집을 한번 지어보고 싶다고 했다. 우선 담장부터 쌓고 집터부터 다져진 다음 기초공사를 자신에게 맡겨주면 원하는 대로 지어주겠다고 한다. 남편은 서 목수에게 믿음이가서 집 짓는 공사를 맡기기로 하고 담장부터 쌓기로 했다. 담장을 쌓지 않고 집을 지으면 받쳐주는 힘이 없어 나중에 땅이 밀려 집이 불안전해진다고 했다.

담장 쌓기

포클레인 기사라고 해서 다 돌을 잘 쌓는 것은 아니다. 그것도 경험도 많고 센스도 있어야 멋있게 돌을 쌓기 때문에 이번에도 남편은 여러 사람에게 소개를 받고 그 사람이 돌로 공사한 것을 보고 결정을 내렸다.

돌을 잘 쌓는다는 정 사장은 결혼한 지 얼마 되지 않은 아주 젊은 사람으로 우리에게 좋은 돌을 보여주겠다고 했다. 공장 사장님이 자기 집을 지을 때 쓰려고 호박돌을 구입해 두었는데 집 짓는 것이 늦어지고 공장부지에 쌓아두었던 돌을 옮겨야 하는 사정이 있다고 했다.

우리는 크고 좋은 돌은 가격이 비싸다는 것을 알고 있는데 공장부지에 놓여있는 돌은 많지는 않았지만 모두가 작품처럼 멋있었고 일반 돌과 달라보였다.

돌이 너무 마음에 들어서 남편은 따지지도 않고 달라는 대로 돌 값을 주고 돌을 샀다. 집을 모두 좋은 돌로 꾸미고 싶은 마음이다.

처음에는 집 뒤쪽을 옹벽으로 하려고 했던 것도 조경석으로 마음을 바꾸었다. 정 사장은 집 뒤쪽에 가지고온 조경 석을 하루 만에 멋있게 꾸며놓았다. 바위에 또 다른 색다른 바위를 얹어 우주선을 만들고 보살님을 만들었다. 무슨 예술작품을 만들어 놓은 것 같았다. 그리고 뒷산 위로 수로도 파주고 다음에 돌이 많이 구해지면 다시 일하기로 하고 돌아갔다. 우선 뒷담이 비싼 조경석으로 꾸며놓고 바라보니 황홀할 정도다. 그만큼 돌이 아름다웠다. 긴 담장과 마당에 꾸며질 조경석이 많이 필요했는데 발파석은 구할 수 있으나 색깔이 어둡고 날카로워 망설여졌다. 정 사장도 좋은 돌을 구하려고 했지만 어렵다고 했다. 돌을 구하지 못해서 고민을 하고 있었는데 마침 사천 오피스텔 근처에 큰 돌이 많은 토목회사가 있었다. 덤퍼트럭이 여러 대 주차해 있었지만 남편이 몇 번을 찾아가도 시간이 맞지 않았는지 매일 문이 잠겨있었다. 그날은 토목회사 직원들이 회식을 하는지 사람들이 치킨에 술을 마시고 있었다. 남편은 노크를 하고 들어가 담을 쌓을 돌이 필요하다고 하자 기다렸다는 듯이 이 이사라는 분이 돌이 얼마나 필요한지 자신이 봐야 한다며 현장을 가보자고 했다.

알고 보니 이 이사라는 분은 시아버님과 의형제를 맺은 분의 조카였다. 정말 시아버님이 보내서온 사람 같았다. 우리는 그분의 차를 타고 옵실로 왔다. 현장을 둘러본 이 이사는 정말 좋은 곳이라며 담장 길이를 대충 발걸음으로 재면서 덤프트럭으로 36차 정도 돌이 필요하겠다고 했다. 그리고 우리에게 돌을 보여주겠다며 자신이 일하고 있는 공사현장으로 데리고 갔다. 산을 허물어 바다를 메웠던 곳으로 지금은 호텔이나 공장을 짓기 위해 매립지를 다시 파기 시작했는데 크고 작은 돌들이 정말 많았다. 이 이사는 여기 돌들이 아무리 많아도 큰 돌은 많지 않아 담장을 다 쌓을 수는 없는데 다행히 공장 담장을 헐고 옹벽을 치는 곳이 있으니 발파석보다 자연석에 가까운 돌이 있다며 우리 보고 행운이라고 한다.

다음 날 돌을 받을 큰 포클레인을 준비시킨 후 돌을 실어 나르기 시작했다. 덤프트럭이 돌을 가득 싣고 마을의 좁은 길을 들락거렸다. 큰 바위들이 우르르 소리를 내며 쏟아졌다. 집터가 넓었기 망정이지 집터가 좁았으면 큰 바위들을 그렇게 놓을 장소도 없었을 것이다. 많은 돌을 쌓아놓으니 보기만 해도 배가 부르다.

다음 날부터 포클레인 박 기사와 돌을 놓을 자리를 봐주시는 분이 와서 담장 쌓기를 시작했다. 포클레인을 하루 쓰는데 60만 원이고 줄을 튕겨 돌 놓을 자리 봐주시는 분이 14만 원이다. 돌 쌓는데 하루 노임이 먹여주고 74만 원이다. 돌 쌓기를 하루 더 연장하면 그만큼 돈이 많이 들어간다. 박 기사가 일주일정도 돌쌓기를 해야 한다고 말하자 이 이사가 박 기사에게 돌도 크니까 5일 만에 끝내라고 말한다. 마음 한편으로 일이 늦어지면 어쩌나 걱정했는데 이 이사가 그렇게 말해주니 고맙다.

남쪽으로 담장을 쌓는 곳에 백 년 넘은 참뽕나무가 있었는데 내 두 팔로 한 아름 반이나 된다. 담장 쌓는 데 지장이 있어 뽕나무를 베지 않으면 안 되었다. 마을 이장께 전화를 했더니 일하시다 말고 급하게 오셔서 전기톱으로 나무를 베어주셨다. 나무가 큰 만큼 뽕나무 뿌리가 주위에 얼마나 많이 뻗어 나갔는지 보라색 융단을 덮어씌운 것 같은 뽕나무 뿌리들이 향기를 뿜어내며 포클레인에 찍혀서 여기저기 흩어진다. 본래 뽕나무 뿌리 속껍질은 해열, 진해, 기관지염에 좋다고 했다. 나는 뿌리를 씻어서 속껍질을 벗겨내 햇볕에 말렸다. 백 년이 넘었으니 좋은 약이 될 것 같았기 때문이다. 담장을 쌓다 보니 집안에서 빗물을 받아낼 배수로가 문제였다. 큰 돌을 쌓고 보면 나중에 돌을 들어내야 할 일이 생기고 이중일이 되기 때문이다. 물을 받을 배관을 사야 하는데 차도 없는데다 왔다 갔다 하면 그만큼 시간이 걸렸다. 그래서 사천에 있는 정 사장님이 생각났다. 곤양에 있는 배관회사에서 30cm관급 배관을 사달라고 부탁을 했더니 빨리도 사가지고 오셨다. 배관을 땅에 묻어 하수로까지 연결하고 그 위에 큰 돌을 올려 담장을 쌓았다. 박 기사도 처음 조경석을 쌓은 정 사장의 영향을 받았는지 돌 모양에 따라 바랑을 지고 가는 스님 모습과 우리나라 지도 같은 모양으로 멋을 만들어 사람들에게 이야깃거리를 만들어 주었다. 그리고 남편의 뜻에 따라 집 뒤쪽 언덕 위에다 크고 넓은 돌을 올려놓았다. 넓은 돌 옆에 두 개의 돌 의자를 놓아 앉아서 차를 마실 수 있는 장소를 만들었다. 남편은 이곳을 큰 소나무가 있는 언덕으로 송원이라고 불렀다. 남편은 그런 예술성을 발휘해 사람을 즐겁게 한다.

동네 분들이 구경 오셔서 돌이 재미있다고 했다. 돌의 모양에서 말 못할 사정이 있는 것처럼 보이기도 하고 알 수 없는 깊은 뜻이 있어 보이기도 했다. 큰 돌로 담장을 두르고 보니 꼭 집을 다 지은 것같이 뿌듯했다.

일주일 정도 걸리겠다던 담장은 열심히 한 결과 5일 만에 끝났다.

좀 더 멋을 내기 위해 조경석을 쌓은 곳은 바위만 있어도 예쁘지만 사이사이 회양목이나 맥문동이나 영산홍 같은 예쁜 꽃들을 심어야 할 것 같았다. 어디를 가든지 조경한 곳도 유심히 보게 되고 어떻게 심어야 예쁜지 무엇을 심어야 하는지 살펴보았다. 사천공항 근처에 나무시장이 있는 것을 알고 찾아가서 우선 회양목과 영산홍을 샀다. 택시비를 아끼려고 손수레로 땀을 뻘뻘 흘리며 힘들게 나무를 사천 오피스텔로 가져다 놓았다. 바위 사이에 심어질 꽃들을 생각하니 힘든 줄도 모르겠다. 다음 날 택시에 나무를 싣고 가려는데 정 사장님이 뒤 트렁크를 열고 바닥에 비닐 천을 깔고 나무를 넣고 나머지는 뒷좌석에 신문지 위에 나무를 놓았다. 항상 깔끔한 정 사장님 성격이다. 택시를 타고 오면서 보니 들에는 모내기가 한창이다. 옛날처럼 많은 사람들이 논에 엎드려 모를 심는 것이 아니라 기계로 모를 심으니 옛날 모심는 철처럼 그런 기분도 나지 않는다. 가지고온 나무들을 남편과 나는 호미를 들고 바위 사이마다 심었다. 그냥 돌로 쌓아놓았을 때보다 훨씬 멋이 있었다. 그리고 사천 오피스텔 주인이 밭을 만든다며 정원에 있는 나무를 베어버린다고 해서 향나무 세 그루와 영산홍 세 그루까지 얻어왔다.

바위 사이마다 나무를 심어 놓으니 집을 짓지 않았는데도 아름답다.

담장을 쌓았으니 집을 지어야 하므로 서 목수를 만났다. 그리고 사천에 박 소장에게 현장을 맡기면 어떤지 물어보았다. 서 목수는 눈을 크게 뜨고 큰일 날 소리라고 한다. 자기가 전에 박소장 밑에서 일한 적이 있었는데 아직도 임금을 받지 못했다고 했다. 그리고 부실공사를 해서 집주인으로부터 소송을 당해 재판 중이고 아마 일을 맡기면 큰 낭패를 당할 것이라고 한다. 걱정이 되었다. 정말 집을 잘 지을 수 있을까? 집 짓는 일은 서 목수에게 맡기기로 했다.

할머니의 약샘

우리는 아침 6시쯤 옵실에 도착하는데 집터 뒤쪽 소나무 밑에서 까마귀 아홉 마리 정도가 원을 그리면서 "까악"거리며 울고 있었다.

까마귀라 왠지 뭔가 죽어있을 것 같아 그 근처에 가까이 가기 싫었다. 다음 날 대를 베어낸 자리에 끈임 없이 올라오는 죽순을 없애려고 낫을 들고 뒤쪽 소나무 밑으로 갔다. 무심코 낫을 휘둘렀는데 회색빛을 띤 노루새끼 한 마리가 놀라 풀숲에서 벌떡 일어났다. 나 역시 너무 놀랐다. 얼른 자리를 피했는데 조금 떨어진 곳에서 또 새끼 한 마리가 놀라서 일어난다. 나는 뒤도 돌아보지 않고 내려와 버렸다. 그 다음에는 그곳을 가지 않았다. 노루 새끼가 무사히 커서 갈 때까지 조심해야 했기 때문이다.

뒤에 안 일이지만 새끼를 낳으면 까마귀가 울고 사람이 죽으면 까치가 운다고 했다. 실제로 시아버님이 돌아가셨을 때 어떻게

알았는지 까치 떼가 몰려와서 지붕 위에서도 마당에서도 발을 구르면서 요란하게 울었었다. 그때 나는 외롭게 혼자 사시던 아버님이 까치 먹이 주는 것을 봐 왔기 때문에 아버님이 돌아가신 걸 알고 까치들이 슬퍼서 왔는가 했다. 물론 그런 것도 있겠지만 사람이 죽었을 때 까치가 아니고 까마귀로 잘못 알고 있었다는 것이다.

집터에서 산 위로 조금 올라가면 시할머니가 발견하셨다는 약샘이 있었다. 그 당시 할머니께서는 할아버지가 젊은 나이에 갑자기 돌아가시려고 하자 자신의 새끼손가락을 방망이로 쳐서 피를 내어 할아버지에게 먹였다고 했다. 돌아가시던 할아버지가 잠깐 정신을 차렸고 그때 신문에 나서 열녀라고 소문이 자자했다고 한다. 할아버지가 돌아가신 후 어느 날 청상과부가 된 할머니가 낮잠을 자는데 할머니 시어머님이 꿈에 나타나 약샘이 나는 장소를 알려주셨다고 했다. 그 해에는 비가오지 않아 기우제를 지낼 정도로 가물었는데 할머니는 잠에서 깨어나서 곧바로 괭이를 들고 머슴들과 같이 꿈속에서 본 장소로 가셨고 땅을 파고 바위가 드러나자 신기하게도 약수가 솟아올랐다고 했다. 일본 제국시절 약물을 먹으면 어떤 병이든지 낫는다고 많은 사람들이 찾아와 약물을 떠가지고 갔고 먹고 바르고 했으며 지금도 그때 사람들이 물값으로 놓고 간 일본 엽전이 작은 병에 반 정도나 있다. 그리고 약샘에 기도를 하면 효험이 있다는 소문에 나이 드신 할머니들이 가끔 찾아오시는 곳이다. 할머니 약샘은 약샘을 발견하고 60년이 지난 때 할머니와 부모님이 돌아가신 후였지만 약샘 회갑연을 마을에서 한 적이 있다. 그때 남편이 할머니 사진과 약샘의 유래를 동판에 새겨 약샘에 설치해 놓았는데 이번 집지을 때 나는 매일같이 약샘에 올라가서 기도를 드렸다. 집을 잘 짓게 해 주고 집 지을 때 아무 사고 없기를 기도드리고 나면 할머니께서 잘 보살펴주실 것 같았기 때문이다.

서울에 2년 전 전세 준 집이 있었는데 세입자가 다음에 들어갈 집을 미리 사두고 날짜까지 정해 놓고 2년 있다가 나가는 조건으로 전세계약을 했었다. 2년이 지났고 날짜도 정해졌는데 복덕방에서 처음에는 날짜를 맞추겠다고 장담을 하더니 날짜가 다가오니까 귀신도 그 날짜를 못 맞출 것이라고 했고 적어도 일주일 정도는 여유가 있어야 한다고 했다. 세입자도 나도 애가 탔고 나는 할머니약샘에서 매일 기도했다. 전세 들어올 사람이 날짜에 맞게 들어와 달라고 빌었는데 지성이면 감천이라고 기도가 통했는지 전세 들어오는 사람이 날짜를 맞추어 들어와 주었다. 생각해도 기적 같다.

대나무로 놓아 보다

집터를 만들어 놓고 남편과 나는 10m도 넘는 대나무를 가지고 와서 설계도면대로 마당에 집 모양을 맞추어 보았다. 무엇보다 집의 좌향坐向이었다.

풍수공부를 오랫동안 해 온 만큼 집이 어디에 자리 잡고 어디를 향해야 하는지가 중요하기 때문이다. 그냥 살다가 팔 그런 집이 아니고 남편의 호가 토산土山이므로 남편의 호를 따서 토산제로 지을 것이기 때문이다. 최씨 가문의 집으로 자손 대대로 내려갈 수 있는 튼튼하고 아름다우며 웅장한 그런 집! 누가 와서도 편히 쉴 수 있는 집을 짓기 위해서다. 남편과 나는 사좌巳坐에 해향亥向으로 방향을 잡고 설계도면에 나와 있는 길이대로 대나무를 놓아 형태를 만들었다. 그리고 집 뒤쪽 언덕으로 올라가 집의 좌향대로 서서 멀리 바라보았다.

이 집은 풍수의 기본인 뒤에 산이 있고 저 멀리 물이 돌아가니 배산임수背山臨水고 집터가 높고 마을이 낮으니 전저후고前底後高고 집안은 넓고 대문은 작게 지을 것이기 때문에 전착후관前窄後寬이다. 풍수공부를 하면서 이 집은 풍수에 맞게 제대로 지어보자고 생각했기 때문에 신중을 기했다.

마을에서 산과 인접해 제일 높았기 때문에 마을이 다 내려다보였고 맑은 날에는 멀리 지리산 천왕봉까지 보여서 보는 마음이 시원하고 후련했다. 남편은 새벽부터 집을 지을 곳을 깨끗이 하고 주위에 흩어져 있는 나뭇가지들을 산 위까지 올렸다. 옷이 땀에 절어 찢어지고 또 돌부리나 나무뿌리에 걸려 넘어지고 미끄러지기도 했다. 그러한 일들이 반복되었지만 어디서 힘이 솟아나는지 매일같이 일을 한다.

나 역시 대나무를 베고 난 뿌리 부분에 걸려 넘어지고 높은 곳에서 굴러 떨어지고 했지만 멍만 들었지 크게 다치지는 않았다. 휴대폰도 잃어버리고 낫도 잃어버리고 물건들을 가지고 다니면서 어디 두었는지 어디서 잃어 버렸는지 몰라도 나중에는 다 찾게 되었다. 나는 이런 모든 일들이 조상님들이 지키고 보살펴 주었기 때문이라 믿는다.

그리고 집 지을 곳은 대나무 뿌리를 파내어서 죽순이 나지 않았지만 산과 밀접한 주위에 베어버린 대나무뿌리에서 계속 죽순이

올라왔다.

하룻밤만 지나면 한 포대씩 죽순을 잘라왔다. 죽순이 자라서 대나무가 되면 딱딱해서 톱으로 잘라내기가 힘들어서 죽순일 때 없애는 것이다. 죽순은 빨리 상하기 때문에 요리를 해서 먹지 않으면 삶아서 냉동을 시키거나 말려야 한다. 냉동도 시키고 냉동실도 모자라서 소금에 절이고 서울 올라갈 때 장아찌를 만든 머위와 냉동시킨 죽순을 가지고 가서 친척들에게 나누어 주었다. 죽순은 하루가 지나면 또다시 여기저기 땅속에서 올라온다. 우후죽순雨後竹筍이라는 말이 맞을 정도로 비온 뒤에는 정말 많이도 났다. 죽순을 베다보면 노루새끼들이 어미와 같이 다니는 것을 종종 본다. 노루가 놀라지 않게 자리를 피해주면서도 노루새끼가 안 보일 때까지 몰래 지켜보면서 무사히 크는 것을 보면 안심이 된다.

어느 날에는 여자 둘이 집 뒷산을 오가며 자기들끼리 투덜댄다.

처음에 어디서 나는 소리인지 몰랐는데 무심코 집 뒤를 보니까 자루를 들고 "누가 이렇게 해놓았는지 모르겠다." 한다. 내가 죽순을 낫으로 꺾어 놓았는데 자신들이 해마다 죽순을 꺾어오다가 미리 꺾어진 죽순을 보고 한 말이다. 수십 년 동안 사람이 살지 않은 이곳에 그동안 마음 놓고 자기 것인 양 먹어 왔을 것이다. 나는 큰 소리로 "약을 쳤어요." 했다. 그랬더니 두 여자가 "약 쳤대." 하며 부리나케 가버렸다.

다음 날 집 뒷산으로 올라가 보았더니 여자들이 가지고 가려고 꺾어 놓은 죽순까지 고스란히 놓아두고 가버렸다.

대나무를 없애려면 대나무뿌리에 뿌리 죽는 약을 치면 된다고 해서 약을 사두었지만 아직 치지는 않았다. 나도 그냥 해 본 소리였는데 약이라는 말에 놀라서 가버린 것이다. 6월 말이 되어가니 끝도 없이 올라오던 죽순도 올라오지 않았다. 이제 멈출 때가 된 것 같았다.

공사를 시작하다

서 목수가 곽 사장을 데리고 왔다. 그동안 집을 짓겠다며 찾아오고 또 우리를 자기들이 지은 집들을 보여주며 집을 짓고 싶었던 사람들에게 많이 미안했다. 내가 그 사람들에게 미안하다고 하자 남편은 이것도 하늘이 정해준 것이고 인연인데 어쩌겠느냐고 한다.

남편은 서 목수가 알아서 해 주었으면 했지만 여러 건축자재와 각 분야에서 일할 분을 섭외해야 하는 관계로 서 목수하고 같이 온 곽 사장을 만났다. 곽 사장은 젊고 남자답게 씩씩했다. 서 목수와 곽 사장 두 사람은 함께 일을 많이 해왔다고 한다. 서로를 너무 잘 안다고 해서 남편은 서 목수를 믿고 곽 사장과 서 목수에게 계약을 했다. 건축자재는 남편이 사고 콘크리트골조로 기초공사까지만 하기로 했다. 그리고 배관과 전기공사를 곽 사장이 추천했지만 남편은 대부분 서 목수에게 맡겼다. 그만큼 서 목수에 대한 믿음이 갔기 때문이다. 골조공사가 끝나면 다시 곽 사장하고 일을 할지 생각해 보고 결정하기로 했다. 서로 만족한 상태에서 뒤에 다른 말없기로 다짐까지 받고서 다음 날부터 집 짓는 공사를 시작했다.

2012년 6월 29일. 그동안 남편과 내가 대나무로 좌향坐向을 맞추어 놓은 그 위로 서 목수가 수평을 맞추었다. 수평을 잘못 맞추면 집이 기울 수도 있고 또 무게중심이 잘못되어 부러질 수도 있다고 했다.

남편은 집을 튼튼하게 짓기 위해서는 기초가 잘되어야 한다면서 깊이 땅을 파서 골조를 세우라고하고 곽 사장은 큰 바위를 아래에다 놓고 그 위에다 지으면 튼튼하다고 했지만 서 목수는 제대로 지어야 한다며 땅을 150cm정도 깊이 파서 하기로 했다. 서 목수의 제안에 곽 사장은 시무룩했다. 공사비는 정해져 있고 땅을 많이 팔수록 시간도 걸리고 돈이 더 많이 들기 때문이다. 포클레인이 와서 설계도면대로 땅을 파기 시작했다.

사천에서 보니 그냥 맨땅에다 30cm정도 땅을 파고 바로 기초를 올리는 것을 보았는데 그것은 그만큼 재료를 아껴 공사비를 줄이기 위해서다. 잘못하면 부실공사로 이어질 수도 있다. 목수들이 일하면서 이 정도면 고층빌딩을 올려도 되겠다고 한다. 땅을 파놓으니까 대형펌프카가 들어온다는 연락이 왔다. 펌프카를 빌리는데 돈이 많이 드니까 꼭 시간에 맞추어서 불렀기 때문이다. 대형펌프카가 마을로 들어오는데 길은 좁고 또 차들이 길가에 세워져 있어 나는 차 주인에게 일일이 차를 옮겨달라고 부탁했다. 고맙게도 우리 집에서 공사를 하는데 누구 하나 불평을 하지 않았다.

서 목수와 다른 목수들은 포클레인이 파놓은 옆으로 골재를 깔고 판넬을 연결했다. 콘크리트가 다른 곳으로 튀지 않게 하려고 준비를 단단히 했다. 그런 다음 레미콘이 와서 펌프카에 콘크리트를 부었고 펌프카를 조작하는 기사의 손놀림에 골재를 깐 위로 콘크리트는 부어졌다. 목수들은 공기막대기를 넣어 진동을 일으켜 콘크리트가 제대로 들어갈 수 있도록 했다. 일하시는 분들은 아침 7시면 일하고 점심시간 한 시간 빼고 오후 5시까지 일한다. 날씨가 흐렸다. 비가 올 것 같다고 하자 서 목수는 콘크리트를 타설하고 나서 6시간만 지나서 비가 오면 양생이 잘되어 콘크리트가 더 강해진다고 했다. 밤에 비가 왔다. 다음 날 와서 보니 콘크리트가 단단해져 있었다.

서 목수를 만나기 전에 내가 꿈을 꾸었는데 돌아가신 시아버님이 나오시고 또 어떤 분이 나오시더니 내가 만들어 준다고 몇 번을 말했다.

지금 생각하니 만들어 주겠다는 사람이 서 목수인 것 같아 조상님이 보낸 사람 같았다.

이제 파놓은 땅에 방이나 마루부분에 앞으로 흙을 되메우는 작업을 해야 한다. 사천에 있는 이 이사에게 좋은 흙을 부탁했더니 마침 공사하는 현장에서 마사토가 나온다며 실어다 주겠다고 한다. 모래가 섞인 마사토는 일반 흙보다 약간 비싸다. 이런 흙은 잘 나오지 않는다고 받을 때 많이 받아야 한다며 15톤 덤프트럭으로 12대나 받았다. 되메우기를 하고도 마당에 가득이다. 이웃에서 흙을 보더니 농사짓는 데는 마사토가 좋지 않지만 잔디 심는 데는 좋다고 했다.

날씨가 갈수록 더웠다. 비는 오지 않고 남부지방에는 폭염경보가 떴고 일사병과 열사병으로 죽은 사람도 있었다. 나는 매일같이 할머니약샘에 올라가서 기도한다. 집 짓는 인부들이 건강하고 아무 탈 없이 집을 잘 지을 수 있도록 해주시라고 빌고 나면 무사할 것 같은 안도감이 오기 때문이다.

사천 오피스텔에서 창으로 내려다보면 밭농사를 짓는 부부가 보인다. 새벽이면 밭에 나와 농사일을 하는데 씨를 뿌리기 전에 농약을 흙에 섞고 거름을 하고 그리고 비닐을 덮고 비닐 속에 씨앗을 넣고 또는 작물을 심는다. 풀은 뽑지 않고 풀을 죽이는 약을 치거나 아예 비닐을 씌워 풀을 자라지 못하게 했다. 나는 두 부부가 농사짓는 것을 유심히 보는데 앞으로 내가 해야 할 일이기 때문이다.

동네에 사시는 친척한 분이 요즈음은 농약 아니면 농사를 지을 수 없다고 하셨다. 벌레들이 너무 극성스럽단다. 그러고 보니 집집마다 풀 죽이는 약과 벌레 죽이는 약은 항상 있다고 하니 한편으로는 무섭고 걱정된다.

우물 치기

우리 집에는 옛날부터 내려오는 우물이 있었는데 아무리 가물어도 물이 마르지 않았다. 6m아래 바위 속에서 물이 샘솟듯 올라오는데 평소에는 맑은 물이다가 비만 오면 물이 탁하다. 이곳에는 아직까지 수돗물이 들어오지 않는다. 땅을 깊이 파서 동네 큰 물탱크에 물을 끌어올리고 집집마다 있는 물탱크에 물을 받아놓고 먹는데 너무 가물 경우 물이 안 나오는 경우도 있다. 처음에 물이 안 나왔을 때 무척 당황했다. 다른 집은 물탱크가 있어서 물이 떨어지지 않았지만 우리 집은 물탱크를 아예 만들지 않았다. 물탱크 모습도 좋지 않고 청소도 번거로울 것 같았기 때문이다. 다행히 내년에 진주 진양호 물이 들어온다고 수도 공사를 큰길에서 하고 있다.

물은 모든 생명을 살리는 것이고 만일에 수돗물이라도 안 나올 경우를 대비해 집에 있는 우물물을 꼭 제대로 만들어 좋은 물을 먹을 수 있어야 했다. 그래서 우물을 파는 회사를 찾아갔다.

우물 파는 회사는 이제는 사양길이라고 한다. 수도가 산골까지 들어가고 환경오염이 되어 우물물을 마음 놓고 마실 수도 없어 시골에서는 그냥 우물을 메워버린다고 한다. 옛날부터 우물을 메우면 집안에 우환이 있다고 했는데 우물을 메울 때는 작은 구멍을 하나 내어 놓아야 된다고 했다.

우리는 부모님이 만든 우물을 잘 보존하고 또 건수도 안 들어가게 할 방도를 우물 파는 회사 사장님께 물었더니 어떤 경우에도 건수가 들어가기 마련이라고 한다. 건수를 막아 우물을 깨끗이 해서 먹고 쓰고 하려고 계획을 세웠으나 사장님 말을 듣고 최대한 깨끗이 하기로 했다.

그래서 우선 우물을 치기로 했다. 부모님 살아계실 때는 해마다 치고 먹었지만 27년간이나 버려두고 뚜껑도 없는 우물에 무엇이 들어갔는지 알 수가 없다. 그래서 이장님에게 부탁해서 우물 치는 분을 모셔와 우물을 쳤다. 양수기로 물을 빨아올리고 바닥에 작은 모래까지 바가지로 다 퍼내고 깨끗한 물로 우물 벽 사이사이를 호스로 세차게 뿜어 깨끗이 청소했다. 진흙이 나오고 작은 산돼지 뼈도 나왔다. 아마도 우물이 낮아서 빠진 것 같았다. 나는 돼지 뼈를 작은 상자에 차곡차곡 담았고 남편은 돼지 뼈를 산속 양

지바른 곳에 묻어주고 반야심경으로 기도를 했다고 했다. 일단 우물을 치고 나니 기분이 좋았다. 하루가 지난 다음 우물 물은 아주 깨끗했다. 며칠 뒤 비가 많이 왔고 우물 물은 건수가 들어가 양도 많아지고 물도 흐려졌다.

남편은 양수기를 빌려서 물을 퍼내고 긴 대나무를 우물에 넣어 휘저으며 물을 퍼냈다. 우물 아래 바위에서 끝없이 물이 솟아나서 비만 오지 않으면 물은 정말 깨끗했다. 공사하면서 이물질이 들어갈까 봐 임시로 합판으로 우물 뚜껑을 해서 덮어두었다.

철근 넣기

기초공사 다음 포클레인기사는 이 이사가 가지고온 흙으로 황토 방만 빼고 방과 마루 위치에 되 메우기를 했다. 그런 다음 흙 위에 비닐을 깔았다. 기초공사가 끝나고 전기와 배관하시는 분이 오셔서 싱크대와 세탁기, 화장실에서 빠져나갈 배관을 설치했다. 그런 다음 철근하시는 분들이 여섯 분이 오셔서 철근을 깔았다. 맨 아랫부분에는 19mm철근을 깔고 위로 갈수록 13mm 지붕은 10mm다. 공사 부분을 잘 모르는 남편에게 서 목수는 철근 담당 팀장에게 한마디 하라고 했다. 철근을 ㄷ자 모양으로 각을 지우고 꺾어 넣는 것이 정석이라고 하면서 요즈음 일꾼들이 힘들다며 꺾지 않고 바로 잘라 철사를 묶는다고 했다. 철근하시는 분들이 오자마자 철근을 기계로 자른다. 남편은 철근팀장에게 철근을 꺾어서 해달라고 했다. 나중에 안 일이지만 인부들이 식당에서 점심

먹는데 철근팀장이 집 주인이 공사에 대해 많이 알고 있다며 철근을 꺾어서 하라고 직원에게 지시했다고 했다. 철근 하시는 분은 남편에게 이렇게 꺾어서 하는 곳은 요즈음엔 아무 데도 없다며 집 두 채 짓는 것만큼 힘들다고 한다. 그러면서 자기 집 지을 때는 들어갈 때 빗자루만 들고 들어가게 지어 달라고 맡겨버렸다고 했다. 그래서 내가 정말 그렇게 잘 지었느냐고 했더니 아주 엉망으로 지었다며 맡겨놓았더니 완전 부실하고 비만 오면 비가 샌다고 했다. 그리고 길가에 집을 지어 놓으니 사람들이 이런 간섭 저런 간섭 때문에 신경쇠약에 걸릴 지경이라고 했다. 우리는 공사하시는 분들에게 먹을 것을 사가지고 와서 나누어 드린다. 서 목수는 빵이나 음료수를 주는 남편을 보고 우리 집은 그래도 인정이 넘친다고 했다. 여러 곳에 건물을 지어 보았는데 어떤 곳은 주인이 와서도 물 한 잔이나 인부들에게 말 한마디 건네지 않는 사람도 있고 일하다가 다쳐서 병원을 다녀오면 그 시간까지 계산해서 노임에서 제하는 사람도 있다고 했다. 먹을 것을 챙겨주는 후한 사람도 물론 있지만 심지어는 돈을 다 받지 못한 경우도 있단다. 반대로 인부들도 주인이 마음에 들지 않으면 연장 챙겨서 그냥 나와 버린다고 했다. 나는 그런 무책임한 일이 어디 있느냐고 물었더니 우리가 어디 사람입니까 일할 때 보세요. 얼마나 힘들고 어려운 일을 하는데요. 우리도 사람인데 기분이 나쁘면 앞뒤 안

가린다고 했다. 그 말을 들으니 걱정되었다. 우리가 어떻게 생각할지 모르고 말하는 것인지 일부러 그러는 것이지 알 수가 없다.

벽채에 철근을 넣은 다음 목수들이 그 위에 판넬로 구역을 만들어 붙였다. 판넬과 판넬로 이어주는 못이 바닥에 수북이 떨어져 있었지만 어느 하나 주워서 쓰는 사람이 없다. 남편이 따라다니며 못을 주워 통에 담았다. 사실 이런 일은 공사를 맡은 곽 사장이 챙겨야 할 일인 것 같은데 아침에 인부만 내려주고 그냥 가버리니 간섭할 수도 없는 일이다. 긴 삼각형으로 생긴 못 값이 비싼데도 곽 사장은 목수들이 못이 모자란다고 하면 새 못을 가지고 왔다.

일하시는 분들은 아침 7시에 시작하는데 서 목수는 혼자 아침 6시 30분부터 일한다. 우리가 사천에 산다는 것을 알고 집으로 가는 길이라며 가끔 태워주기도 했다. 날씨가 너무 덥다. 그냥 서있기도 힘이 드는데 뜨거운 햇볕아래 일을 하자니 얼마나 힘이 들까? 실내 공사라면 그늘이라도 만들어 주지만 어쩔 수가 없다. 서 목수는 더워도 일거리가 있어 다행이라고 생각한단다. 한겨울이나 비나 눈이 오면 일을 못하니까 그때는 생활에 곤란을 받는다고 했다. 서 목수는 아침에 잠깐 와서 보고 가버리는 곽 사장을 보고 인부대용으로 일하면 그만큼 인건비라도 벌 수 있는데 사장이라고 일도 안 하고 시원한 곳에서 놀다가 나중에 손해 봤다고 할까봐 걱정이라고 했다. 사실 곽 사장이 함께 일하면서 관리감독을 하면 일의 능률이 오르겠지만 감독하는 사람이 없는 마당에 아무래도 일이 늦어질 수밖에 없어 서 목수도 불안했던 모양이다.

남편은 우물에 건수가 들어가서 물이 흐려지니까 주위에 콘크리트로 미장을 하면 흙물이 들어가는 것을 방지할 수 있겠다는 생각에 우물 주위에 철근을 깔았다. 나중에 콘크리트 타설할 때 같이 시멘트포장을 하면 물이 깨끗할 것 같았기 때문이다. 그리고 우물 뚜껑을 찾아다녔다. 마침 사천에 환경자원센터라는 큰 고물상이 있었는데 그곳에 우리가 찾는 주물로 된 쇠뚜껑이 있었다. 주인은 고맙게도 우물 뚜껑 크기대로 잘라 가운데 자동펌프를 설치할 구멍까지 용접기로 잘라주고 무거운 쇠뚜껑을 트럭에 실어 시골집 우물 옆에 세워주셨다. 물론 요금은 드렸지만 그렇게 맞춤처럼 만들어 주셔서 고마웠다.

동네 친척 아저씨분이 집 짓는 데 구경을 오셨다. 아저씨는 우리가 이곳에 와서 너무 기쁘고 집을 새로 짓는 것이 꼭 자기 집 짓는 것 같다고 하신다. 옛날에 우리 집 일을 많이 도와주신 분이기에 나는 이 집은 아저씨집도 되니까 자주 놀러 오시라고 했다. 사실 나는 이 집이 우리 집이 아니고 우리 모두의 집이었으면 했기 때문이다. 아저씨는 할머니와 아버님 어머님께서 얼마나 따뜻한 분이셨는지 지나온 일들을 말씀해 주셨다. 우리가 공사 중에 서울에 다녀올 일이 있으면 아저씨에게 집을 부탁했다. 서울에 갔을 때 태풍이 왔다. 공사 중이라 아무래도 염려가 되었는데 아저씨가 먼저 걱정이 되어 집 짓는 곳을 둘러보았다고 했다. 우물에 건수가 들어가 물이 가득 차 있는 것 말고는 별 이상이 없다고 했다.

콘크리트 타설하다

집이 세워질 곳을 중심으로 스틸재질로 만든 파이프를 빙 둘러 세웠다. 현장용어로 '아시바'라고 하는데 인부들이 파이프를 타고 올라가서 벽이나 지붕까지 만들었다. 전기공사하시는 분도 전깃줄을 넣을 호스를 지붕 위에서 벽까지 미리 설치를 했다. 벽 속으로 미리 해놓지 않으면 나중에 할 수가 없기 때문이다. 우리 집 부엌은 두 개로 설계되어있다. 안쪽에는 전기레인지로 바깥에는 가스레인지로 만들었다. 안에다 가스를 쓰게 되면 집안 공기도 탁하게 되고 또 집안에 그을음이 나서 벽지가 더러워질 수 있어서다.

목수들이 지붕 부분을 할 때 기둥을 세울 박공 부분은 서 목수가 맡아 최대한 솜씨를 부렸다. 완공된 것은 아니지만 모양부터가 예사롭지 않아 나중에 완성되었을 때는 정말 멋있겠다는 마음이 들었다.

처음 만났을 때부터 목수일 배운 지 44년간의 기술을 보여줄 테니 하고 싶은 모양을 말해보라고 했던 만큼 정성을 들인다. 장마가 끝나고 7월 말이 되어도 날씨는 또 폭염경보에다 섭씨 32도에서 38도까지 오르더니 8월이 되어서도 여전히 섭씨 35도까지 올랐다. 하늘은 맑고 내리쬐는 햇볕에 작물도 시들시들했다. 밤에는 열대야까지 와서 연일 방송에서 일사병과 열사병에 주의하라고 떠든다. 우리 집은 다른 집보다 높이가 훨씬 높다. 마루바닥에서 마루 천장 높이까지가 3m 80cm나 되고 방 천장 높이도 다른 집보다 30cm나 더 높다. 일하시는 분마다 집이 높아 이층집 짓는 것이나 마찬가지라고 한다. 날씨는 너무 덥고 냉장고도 없다 보니 음료수라도 시원하게 하려고 바구니에 음료수 캔을 담아 줄을 매고 우물 속에 넣어 두었다가 일하시는 분에게 드리는데 오늘은 옆집에 사시는 동네분이 수박화채를 해오셨다. 미숫가루나 매실액도 가져다주시고 옥수수 삶은 것도 가지고 오신다. 고향에 돌아온 것이 이웃에게도 좋은 모양이다. 새로운 간식에 인부들도 좋아한다.

날씨는 계속 폭염이다. 목수들이 지붕간막이를 줄을 맞추어 가며 만들고 있는데 어떤 목수는 강열한 햇볕이 내리는 지붕꼭대기에서 한참을 가만히 서 있어 일사병에 걸린 줄 알고 마음이 조마조마했다. 조금 지나 움직이는 것을 보고 안심이 되었다. 집을 짓게 되면 주인이 산재보험에 가입하는 것도 공사 중에 사고를 대비함이다. 서 목수도 한 번 쓰러졌다. 놀란 남편이 병원을 가자고 했더니 당뇨가 심해서 약을 먹는 중이라며 사탕 하나 먹고 잠깐 누워 있으면 된다고 했다. 서 목수는 책임감도 강하고 남보다 더 열심히 일한다. 조상님이 보내온 사람답게 기초공사를 야무지게 해주었다. 그리고 서울서 맞추어온 이오니아식 기둥을 박공 아래 설치했다. 기둥은 쇠로 만들어졌고 그 위에 하얗게 칠을 했기 때문에 보기에는 단단해 보였다. 기둥을 세우고 기둥 속에 철근을 넣고 그 속에 콘크리트를 넣으려고 준비했다. 기둥이 집의 포인트라 서 목수가 잘 세워놓은 기둥 속에 콘크리트만 넣게 되면 튼튼한 기둥이 되는 것이다. 내일 레미콘을 부르기로 했다. 사천에 집 짓는 곳에서 지붕에 비 새는 것을 본 우리는 비가 새지 않을 방도를 여기저기 알아보았다. 전에 김 소장이 말해주었지만 공사를 많이 해본 서 목수가 알 수 있을 것 같아 서 목수에게 물었더니 서 목수는 지붕에 콘크리트 타설 할 때 미장을 매끈하게 하면 비가 안 샌다고 했다. 그 말을 듣고 사천에서 미장과 벽돌을 잘쌓는다는 박 사장을 소개받았다. 남편은 미장이 마음에 들면 앞으로 벽돌도 쌓아야 하니까 미장을 잘해서 비가 안 새게 해달라고 부탁했다. 박 사장은 걱정 말라고 하면서 지붕 공사할 때 세 사람이면 된다고 한다. 노임은 얼마면 되겠느냐고 했더니 한 사람

당 15만 원이라고 했다. 그러면 45만 원만 준비하면 되겠다고 하자 그러시라고 한다. 그래서 박 사장에게 전화해서 내일 지붕 콘크리트를 타설한다고 오시라고 했다. 다음 날 펌프카가 오고 레미콘이 도착했다. 목수들이 지붕 위에서 펌프카 호스를 옮겨가며 콘크리트를 부었다. 박공 아래 기둥 속에 조심조심 콘크리트가 들어가자 갑자기 기둥하나가 콘크리트 무게에 옆으로 터져버렸다. 지붕 위에 있던 목수들까지 전부 뛰어내려와 나머지 3개의 기둥에는 나무각목을 대고 굵은 철사로 기둥을 묶어서 콘크리트를 넣었다. 다행히 나머지 기둥들은 잘 버티어주었다. 남편과 서 목수는 기둥 한 개가 터져버리는 바람에 정신이 없어 보였다. 레미콘이 계속 왔고 펌프카도 끊임 없이 콘크리트를 토해내고 목수들은 옷이 콘크리트에 범벅이 되어가며 공기총으로 지붕 아래 벽면까지 콘크리트가 잘 내려가도록 펌프질을 했다. 마침 박 사장이 미장하는 세 분을 데리고 왔다. 세 분은 바로 지붕으로 올라가더니 미장을 시작했고 박 사장은 뒷짐을 지고 세 사람이 미장하는 것을 보더니 목수들하고도 인사를 한다. 공사를 하면서 서로 만나기도 하고 같이 공사도 하는 그런 관계라고 했다. 레미콘이 31대나 왔다. 집이 워낙 높아서 벽면으로 들어가는 콘크리트가 많았기 때문이다. 날씨는 덥고 콘크리트도 금방금방 마른다. 물을 뿌려가며 세 사람의 미장들이 두 시간 정도로 일해서 미장일이 끝났다. 그리고 우물 옆에도 콘크리트를 부어 미장을 하고 첨단 위에도 콘크리트로 마감을 했다. 남편은 박 사장에게 이제 미장을 했으니 비가 안 새겠다고 했더니 무슨 소리냐며 삐딱이 집이라 방수하기 전에는 100% 샌단다. 너무 어이가 없다. 그리고 더 어이없는 것은 세 사람 노임 45만 원을 봉투에 넣어 드렸더니 네 사람이 왔지 않느냐고 했다. 자기는 일도 하나도 하지 않고 임금만 달라고 한다. 그래서 남편이 분명 세 사람으로 결정하지 않았느냐고 했더니 목수들도 쳐다 보고 하니까 그럼 나를 다음 벽돌 쌓기 할 그때 줄 것이냐 한다. 남편은 세 사람이 일을 했고 또 나도 세 사람 노임만 준비했으니 알아서 하라고 하자 이제는 점심 값을 달라고 한다. 그래서 내가 얼른 돈을 주었더니 돈을 받아 쥐고 화를 내면서 가 버렸다. 저런 사람에게 벽돌을 맡겼으면 정말 큰일 날 뻔했다. 목수들이 한마디 한다. 본래 자기가 데리고 다니는 팀이 있는데 팀장은 일을 안 하고 그냥 노임을 받는다고 했다. 자기도 목수들을 데리고 다니지만 목수들하고 똑같이 일하고 노임도 똑같이 받는데 사람마다 달라서 팀장은 더 많은 돈을 받고 실력에 따라 차이도 난다고 했다.

결국 기둥 세 개만 설치한 채로 작업은 끝났다. 이제 이틀이 지나고 콘크리트가 굳어지고 나면 벽면에 붙였던 판넬을 떼어내야 한다고 한다. 현장용어로는 '바라시'라고 했다. 겨울에는 일주일 정도 걸리지만 여름에는 이틀이면 바라시를 해야 하는데 너무 오래두면 못이 빠지지 않아 힘들고 여름에는 더워서 안에는 공기도 통하지 않아 돈을 많이 준다고 해도 할 사람이 없다고 한다.

벽은 이틀이면 하지만 천장은 10일은 두어야 한단다. 안 그러면 지붕이 무너질 수 있다고 했다.

곽 사장은 이제 판넬만 떼어내면 골조공사는 끝이 나니까 나머지 잔금을 다 달라고 했다. 그러나 서 목수 생각은 달랐다. 아직 목수들 임금도 남았고 바라시가 끝나면 돈을 줘야 된다고 해서 남편도 서 목수 뜻에 따르기로 했다.

남편이 바라시를 다 끝내면 잔금을 주겠다고 하자 갑자기 곽 사장이 화를 낸다. 바라시를 해서 판넬을 내가 안 가지고 갈까봐 그러느냐고 내가 이 집을 짓고 나서 손해를 많이 봤다고 우겼다.

어떤 분이 건축할 때 이익을 남기는 것은 마찬가지인데 누가 더 많은 이익을 남기는가에 있다고 했다. 이익도 이익이지만 정성을 다해 자신이 자랑할 만한 건축물을 짓는 것도 큰 자부심일 텐데 노력도 없이 이익만 따지는지 안타깝다. 모든 재료관계는 남편이 직접 돈을 부쳐주고 계산을 했기 때문에 곽 사장이 끼어들 만한 구석이 없어서 억울했는지 모른다. 아마도 이렇게 꼼꼼하고 철저한 사람인 줄 미처 생각도 못했을 것이다. 곽 사장이 손해를 봤다니까 정말 미안했다.

손해 본만큼 보태주고 싶은 마음이다. 하지만 관리감독도 하지 않았고 경험도 없는 우리를 너무 얕잡아본 것일지 모른다. 서 목수는 어머니가 중풍으로 쓰러졌다고 했다. 너무나 고생하셨고 서 목수가 있었기에 이 정도까지 무사히 이끌어왔다는 생각에 봉투에 돈을 넣어 성의를 표했다. 다음 날 서 목수가 지붕에 콘크리트가 양생이 잘되도록 물을 뿌려주라며 양수기를 가지고 왔다. 서 목수는 공짜를 좋아하지 않았다. 전번에도 목수들 힘들었는데 술이나 잡수시라고 서 목수에게 돈을 드렸더니 자기는 하나도 가지지 않고 다른 목수들에게 나누어 주었다고 했다.

이틀이 지난 후 일을 했던 목수들이 아침부터 벽에 붙어있는 판넬을 떼어내기 시작했다. 하루 종일했지만 끝이 나지 않았다. 목수들은 날씨도 더운데다 일도 힘들어서 꼭 물에 들어갔다 나온 사람 같다. 땀으로 흠뻑 젖은 윗옷을 벗어 쥐어짜니까 땀이 물처럼 흘러나왔다.

아직 기둥 하나를 고쳐서 세워야 하는 것이 큰 문제다. 기둥이 세 개만 있으니 보기가 불편했다. 남편과 나는 그동안 공사한다고 떨어뜨린 못들을 주워 포대에 담았다. 못은 다른 공사에 또 쓸 수도 있고 못 줍는다고 일꾼을 쓰면 잡부 하루 노임이 10만 원이라 그것이라도 들어주고 싶어서다. 사실 못은 목수들이 땅에 쏟아져 있는 못도 거들떠보지 않고 새 못을 쓰다 보니 못이 많이 들어갔다.

곽 사장은 못을 보아도 다른 집보다 배나 노임이 들었다면서 툴툴거렸다. 남편은 곽 사장에게 나머지 기둥 하나는 언제 세워줄 것이냐고 했더니 그것은 서 목수가 망가트렸으니 서목수가 책임져야 한다고 했다.

그래서 곽 사장은 아시바만 남겨둔 채 자재를 실고 가버렸다. 아시바는 앞으로 기와 공사를 마무리할 때까지 써야 하고 서 목수가 빌려와서 설치했기 때문에 서 목수가 알아서 할 것이라 믿었다.

남편도 마음이 약한 사람이다. 곽사장이 손해 봤다며 돈을 더 요구했는데 남편은 우리 집을 그래도 끝까지 잘 마무리 해주었다 싶어 곽사장 요구를 들어 주었다.

공사를 계속하는 바람에 정신없이 바빴다. 남편은 공사감독하고 나 또한 간식이라도 신경을 쓰면서 주위에 못이나 쓰레기도 줍고 고물도 한곳에 모으고 할 일이 많아 밭에 신경 쓸 겨를이 없었다. 풀이 너무 자라서 채소는 보이지 않았으나 그나마 가지도 몇 개 따고 호박도 두 개 정도 따 먹었다. 수박은 열매가 열렸는데 한 개만 남고 다 떨어지고 그것도 나중에는 작은 공만 하더니 크지를 않는다. 나중에 안 일이지만 수박은 거름도 많이 해야 하고 열매가 열리면 일곱 마디 정도에 하나만 남겨두고 다 따버리라고 했다. 그래야 열매가 크다고 한다. 복수박은 열리는 대로 두어도 된다고 하는데 농사짓는 법을 몰라 실패했다. 내년에는 잘보고 배워 제대로 해보리라 마음먹는다.

8월도 그의 끝날 무렵 서 목수에게 전화를 했는데 전화를 받지 않았다. 전화도 몇 번 하고 문자를 보내도 답이 없다. 서 목수를 잘 아는 사람에게 부탁을 해도 전화를 받지 않는다고 했다. 그 당시는 서 목수 아니면 기둥세울 사람이 없는 것 같아 남편과 나는 음료수를 사들고 서 목수 집을 찾아갔다. 문밖에 서 목수차가 있는데 서 목수 아내가 방문을 열어보더니 우리에게 남편이 산에 운동하러 가고 집에 없다고 했다. 집에 있는 것 같았지만 예의상 아래 찻집에서 기다리겠다고 하고 찻집으로 갔다. 한참을 기다려도 서 목수는 나타나지 않았다. 그래서 그냥 돌아왔다. 기둥을 세워달라는 것에 자신이 없어서일까? 이제 골조공사는 끝났으니 사실 서 목수가 할 일은 없었지만 그동안 열심히 해주고 기둥을 마무리 해주겠다고 해서 믿었던 것도 사실이다. 본인이 만나주지 않으니 도리가 없다. 고마운 서 목수와 인연은 여기까진가 보다.

앞으로 지붕 방수공사와 벽돌 붙이는 것, 난방공사, 문과 창문 공사, 황토방과 마루천장 인테리어 등 이제는 돈이 많이 들어갈 공사가 남았다. 남편은 창문도 서울에서 LG제품 중에도 이중도어로 제일 좋은 제품으로 주문하고 방문과 화장실문은 진주 에코하우스에서 주문 설치했다. 이 집이 그냥 일반 집이 아니고 대대로 내려갈 종갓집이기 때문에 하나라도 흠이나 허술하게 지어져서는 안 되는 일이기에 모든 제품은 메이커가 있는 정품이다.

이장님이 오셔서 마을에 휴가를 가는데 협조를 부탁한다. 그래서 마을 분들을 위해서 50만 원을 드리고 서울로 올라갔다. 나중에 내려와서 들었는데 방송도 하고 음식도 해서 지리산까지 잘 갔다 왔다고 한다. 나중에 이장님이 복숭아 한 박스를 가지고 왔다.

눈썹 만들기

기초공사가 끝나고 남편은 벽돌 쌓는 전문가들을 불러 의견을 물었다. 전문가들은 벽돌을 쌓으려면 아래 받쳐주는 눈썹이라는 것이 있어야 하는데 눈썹을 만들어 놓지 않아서 눈썹부터 만들어야 한다고 했다. 콘크리트 벽면에 길이 6cm 넓이 3cm 정도의 못이 쭉 박혀있는데 그곳에 철근을 올리고 철사를 걸어서 눈썹으로 사용하면 된다고 서 목수가 알려주었는데 벽돌전문가가 제대로 철근으로 단단하게 박아서 콘크리트로 단을 만들어서 안전하게 벽돌을 쌓자고 했다. 벽돌받침대가 허술하면 태풍이 강하게 불었을 때 벽체가 넘어갈 수 있다고 했다. 사천에서 건물에 벽돌 쌓는 것을 유심히 보았는데 정말 허술하기 짝이 없었다. 아래에 쇠로 받침대로 삼아 그 위로 바로 벽돌을 쌓았다. 그것도 제대로 된 쇠가 아니고 녹이 많이 핀 허술한 쇠였다. 만일에 쇠가 삭아서 힘이 없어지면 벽돌의 무게로 무너질 수 있겠다는 생각이 들었다. 주인이 건축에 대한 상식이 없으면 대충 겉보기만 그럴듯하게 만들면 괜찮다고 생각하는 건축업자도 있는 것 같다. 그래서 부실공사로 나중에 더 큰 손해를 입는 것이다. 어떤 일이든지 책임감과 사명감, 그리고 보람을 느껴야 하지만 그렇지 않은 경우가 더 많은 것 같다.

벽지처럼 쉽게 갈 수 있는 것이라면 모를까 기초가 허술하면 큰일이다. 집을 튼튼하게 보강하는 의미로 눈썹을 만들기로 했다. 집안 인테리어를 맡아줄 김 목수 소개로 정 목수가 눈썹을 하기 위해 몇 사람을 데리고 와서 19mm철근을 잘라 벽 아래를 돌아가며 촘촘히 박고 판넬을 대고 레미콘을 불러 콘크리트를 붓고 미장을 했다. 그리고 황토방 굴뚝자리 아래에도 콘크리트로 포장했다. 굴뚝 아래에 시멘트로 포장을 하지 않으면 땅에서 올라오는 습기 때문에 연기가 잘 빠지지 않기 때문이다. 눈썹을 맡은 정 목수는 처음 240만 원에 하기로 했는데 다 끝나고 나자 돈을 더 달라고 했다. 남편은 결정한 대로 해야 한다는 원칙이지만 너무 고생이 많고 옆에서 봐도 더 주고 싶을 때는 더 주기도 하는데 정 목수는 일을 하는 중에도 소주를 마시고 얼굴이 빨개져 인상을 쓰고 돈을 더 달라고 하니 참으로 무섭다. 그래서 소개시킨 김 목수에게 전화를 했더니 김 목수가 전화로 정 목수에게 무슨 말을 했는지 전화를 받은 정 목수는 사람이 그렇게 달라질 수가 있는가 싶을 정도로 정말 고분고분 일을 마무리한다. 심지어는 일을 다 해 놓고 마음에 드느냐고 하면서 더 잘해주려고 하는데 어이가 없다. 잘할 수 있는데도 한 번쯤 간을 보는 것 같다.

지붕 방수하기

벽돌과 방수와 황토방을 잘하는 사람을 구하는데 여러 사람들이 왔다. 어떤 분은 다른 사람보다 더 싸게 해주면 되지 않느냐고 했고 어떤 분은 차비까지 다 따져가며 계산하는 사람도 있고 또 어떤 분은 벽에 박혀 있는 못을 다 빼버리고 은박지 단열재를 알루미늄 테이프로 붙이고 벽돌을 쌓고 황토방은 따로 전문가를 부른다고 한다.

그중에서 황토방을 자기가 제일이라고 한 사람이 있었는데 아랫사람에게만 일을 시키고 일도 안 하면서 돈만 챙기는 미장하는 박 사장 같은 사람도 있었다. 지붕 미장할 때 박 사장이 그렇게 처신을 하지 않고 신사답게 했으면 아마도 남편은 박 사장에게 벽돌 쌓기 일을 시켰을 것이다. 그런 사람을 시키지 말라고 조상님께서 미리 그 사람의 인간성을 보여서 나중에 일어날 화근을 미리 막아

주셨다고 생각한다.

그리고 일산에서 열린 경향하우징에서 본 황토방을 만드는 사람도 연락을 했더니 부산서 찾아왔다. 황토방 자리를 보더니 아궁이 들어갈 자리도 옆으로 옮기고 굴뚝 나갈 자리도 이미 만들어 놓았는데 새로 벽을 뚫어서 만들어야 한다고 한다. 그러면서 습기가 찬다고 비닐을 깔고 황토방을 만들어야 하고 아궁이도 주물로 된 큰 쇠솥을 얹어야 한단다. 참으로 복잡하고 무엇보다 이미 만들어 놓은 것을 없애고 다른 곳에다 벽을 뚫어야 한다는 것이 마음에 걸렸다. 어떤 분의 소개로 백 사장이라는 분이 찾아왔다. 황토방이 전문이고 벽돌 쌓기와 미장과 방수도 본인이 다 할 줄 알고 무엇보다 벽에 붙어있는 못을 하나도 빼지 않고 6mm단열재와 스티로폼 1급 50mm까지 반생으로 엮어서 같이 붙인다고 했다. 아무도 백 사장처럼 이렇게 붙이는 사람은 듣지도 보지도 못했다. 황토방 역시 현재 되어 있는 그대로 잘 만들 수 있고 서 목수처럼 원하는 대로 다 해주겠다고 했다. 다른 사람보다 금액이 높기는 해도 믿음이 갔다. 남편은 서 목수가 하지 못한 기둥까지 백 사장에게 일임하고 10월부터 공사를 시작하기로 했다. 9월 달에는 제사도 있고 또 추석이 있어 서울로 올라가야 하기 때문이다. 추석을 지내자마자 시골로 달려왔다. 그동안 비가 왔었는데 현관 쪽 천장에서 비가 샜다. 백 사장도 일할 준비를 하고 있었다. 가까운 영오 친모래에 전화를 해서 모래와 시멘트를 주문했다. 영오 친모래는 모래를 채에 쳐서 부드러운 강모래를 파는 곳이다. 같은 마을에 있다고 무척 잘 해주셨다. 모래든 시멘트든 전화만 하면 바로 배달을 해주셨다. 지붕방수에는 방수액과 시멘트와 모래를 섞어 지붕을 전부 다시 미장을 했다. 지붕은 미장을 하면서 다듬었기 때문에 기와를 얹지 않아도 아름답다. 지붕방수가 끝나고 비가 왔다. 정말 비가 한 방울도 새지 않았다. 방수가 아주 잘된 것 같다. 백사장도 비가 새지 않는 지붕을 보고 이 정도면 앞으로 어떤 비바람이 불어도 끄떡없단다.

벽돌 쌓기

남편은 한 달 전부터 벽돌선택에 고민이 빠졌다. 벽돌은 하나만 봤을 때는 보기 좋아도 벽을 만들어 놓으면 이상해지는 그런 벽돌이 있기는 했다. 그래서 남편은 벽돌로 집이나 건물을 지어놓았을 때 구경을 하고 결정을 한다. 나도 따라 다니면서 벽돌을 봤는데 현무암으로 벽돌을 붙인 곳도 있고 중국 고 벽돌로 붙인 곳도 있었다. 보는 눈에 따라 다르겠지만 내가 보기에는 마음에 들지 않았다. 그림책에 보이는 색하고 집을 지었을 때 벽돌색하고 또 밝은 곳과 어두운 곳에 따라 색깔이 달라졌다. 결국은 처음 선택한 엷은 갈색계통의 벽돌로 결정했다. 백 사장과 벽돌 쌓기 최고 기술자 일곱 사람이 와서 정말 열심히 일했다. 벽에 단열재를 붙이고 그 위에 50mm 스티로폼을 얹어 철사를 묶어서 벽에 빈 공간이 보이지 않게 빈틈없이 붙여나갔다. 사천에서 건물 짓는 것을 보았는데 하나같이 못도 빼버리고 단열재를 붙여 바로 벽돌 쌓는 것만 보았다. 그러나 백 사장만은 달랐다. 우리 집처럼 이렇게 하면 겨울에도 춥지 않고 여름에도 덥지 않다고 한다. 자기도 다른 곳에 일할 때는 못도 빼버리고 단열재 위에 바로 벽돌을 쌓는다고 했다. 주인이 모르면 자신들이 편리한 대로 일하고 주인이 알면 힘들어도 제대로 하는 것 같다. 그리고 보통 황토방을 큰 시멘트 벽돌로 구들받침대를 사용하는데 백 사장은 구운 벽돌로 구들받침대로 했다. 벽돌을 칸막이를 쌓은 후 위에는 벽돌 한 장을 뺐다. 구들은 베트남에서 수입한 현무암으로 구들을 놓는데 가로 50cm, 세로 100cm, 두께도 20cm 정도 그것도 사각형이 반듯해서 연결을 해도 한 치의 틈도 없다. 현무암은 용암이 굳어서 된 돌이라 열을 받아도 깨지지 않고 또 빨리 식지 않아 구들로는 안성맞춤이다. 옛날 구들을 보면 납작하고 넓은 돌로 만들어 틈이 생겨서 연기도 나오고 또 깨지기도 하고 빨리 식기도 해서 한겨울에 밤에는 뜨거워도 아침이면 열이 식어 추웠는데 백 사장이 놓는 구들은 일반적으로 놓는 구들형식이 아니라 특이했다. 그래서 나는 오랜 세월이 지나 방을 고칠 일이 생기면 보라고 구들 놓는 것을 사진으로 남기고 그림으로 그려 놓았다. 구들을 놓고 시멘트를 바르고 황토를 벽과 바닥에 꼼꼼히 발랐다. 아궁이 문도 큼직해서 넓고 굵은 나무도 들어갈 수 있도록 했다. 굴뚝은 스테인리

스관을 넣고 집 벽과 똑같은 벽돌로 모양을 내고 이오니아식 기둥도 험도 하나 없이 다른 기둥과 똑같이 세웠다. 기술이 예술로 변했다. 콘크리트골조만 되어 있던 집이 벽돌로 감싸니 비단옷을 입은 것처럼 품위 있고 아름다웠다.

힘들게 더웠던 여름이 어느새 물러나고 가을이 성큼 다가왔다. 주위를 둘러보니 풀꽃들이 내년을 위해 씨앗을 날려 보내고 있다. 꽃봉오리 일 때는 축 늘어져 있다가 꽃을 피울 때는 꼿꼿이 서서 하얀 솜뭉치 같은 꽃씨를 바람에 날려 보낸다.

하얀 꽃씨들이 바람결 따라 이리저리 몰려다니는 것이 꼭 날개 달린 곤충들이 무리를 지어 하늘을 날아가는 것처럼 보인다. 가을이 가기 전에 씨앗들은 땅 위에 떨어져 그 생명력은 말로 다 할 수 없다. 씨앗을 가만히 들여다 보았다. 모두가 자신을 지키기 위해 얼마나 애를 쓰고 있는지 알 수 있다. 덩어리진 열매 한 개를 손으로 땄다가 열매를 감싸고 있던 작은 털가시에 찔려 손에 박힌 가시를 뺀다고 애를 먹었다. 함부로 손대지 말라고 식물들이 경고를 보낸다.

약샘 가는 길에 어린 소나무를 보았다. 집 뒤와 약샘에도 크고 오래된 소나무가 있었지만 씨가 떨어져 생긴 새싹 같은 소나무는 보지 못했다. 나는 손삽을 가지고 가서 어린 소나무를 송원 주위에 소중히 심었다. 누가 잘못 밟을까 주위에 돌로 성을 만들어 놓고 물도 주고 거름도 뿌려 놓았다. 조경석 사이에 서울서 가지고 온 소나무와 또 사천서 가져온 어린 소나무들을 심어놓았지만 이번 소나무는 이곳에서 싹을 피웠기에 특별하기 때문이다.

난방 깔기

방수공사와 벽돌까지 다 했으니 바닥에 난방을 깔아야 했다. 남편은 우리 집에 쓸 재료는 메이커가 있는 최고급품으로 써야 한다며 진주까지 나가서 사가지고 왔다. 그리고 보일러도 순동으로 된 거꾸로 타는 보일러로 설치해 달라고 했더니 배관 사장님도 순동으로 된 보일러는 처음 설치를 해보는 것이라고 한다. 바닥에 난방을 설치하려면 스티로폼 위에 난방 호스를 깔고 자갈을 채워 시멘트미장으로 마감을 하는데 방통을 하게 되면 시멘트와 약과 물만 있으면 된다. 방통은 스티로폼을 넣는 것보다 편리하고 방의 수평까지 맞출 수 있어 장점이 많았다.

우선 바닥에 있는 먼지와 쓰레기를 깨끗이 치웠다. 배관 사장님은 다른 곳은 공사한 쓰레기 위에 방통을 하는데 여기만큼 깨끗이 치우는 사람이 없다고 했다. 다른 집 같은 경우는 업자에게 공사를 맡긴 것이고 우리는 우리 집을 직접 관리하기 때문일 것이다. 방통을 하려고 우물 물을 큰 통에다 미리 받아놓고 시작을 했다. 물이 많이 들어갔다.

며칠 후 방통한 바닥이 마른 다음 배관 사장님이 오셔서 난방 호스를 깔았다. 백 사장이 호스 위에 시멘트 미장을 했고 백 사장에게 소개받은 타일하시는 분이 오셔서 목욕탕과 작은 부엌 현관을 3일 동안 타일 붙이는 작업을 하셨다. 현관 타일은 별자리에 나오는 12궁이 새겨진 금박타일이고 목욕탕 바닥은 낙엽이 있는 부드러우면서 바닥 면이 넘어지지 않게 껄끄러운 것으로 했다. 화장실벽은 하얀색에 크고 시원한 잎 그림이 한 면에 포인트를 주는 것으로 예술성이 보이는 남편의 뛰어난 감각이다. 타일 작업이 끝나고 화장실 장식을 달기 위해 배관 사장님이 오셨다. 화장실에 장식장, 거울, 샤워기, 비데가 딸린 변기, 손잡이, 수건걸이, 책꽂이, 장식용 받침대 등 돔으로 된 천장까지 화장실 문을 열면 크고 넓기도 하지만 반짝이는 장식들 때문에 화려하기까지 하다.

집이 하나하나 완성되어가는 것을 보니 사천에서 빨리 옵실로 오고 싶은 마음이다. 사천서 옵실 오는 길에 큰 저수지가 있는데 아침 일찍 저수지에서 피어 오르는 물안개와 산 위를 휘감고 하늘을 오르는 안개를 보면 참 행복한 하루가 될 것 같아 마음이 여유롭다.

10월 달이 되니 그렇게 많이 날던 잠자리도 풀숲에 앉아 꼼짝도 하지 않거나 어쩌다 한두 마리 보였다. 모두가 계절에 순응할 수밖에 없다.

날씨도 아침저녁으로 약간 쌀쌀해졌고 어둠도 빨리 찾아왔다. 남편은 이 집을 자신의 호를 따서 토산제라고 명했다. 그리고 진주에서 돌을 잘 새긴다는 신 선생님을 초청했다. 넓고 큰 돌에다 토산제와 또 우리가 죽어서 들어갈 장소에 무덤을 남기지 않고 돌을 얹을 수 있게 해서 "사랑하는 사람아 다음에 또 만나세"를 돌에다 새겨 달라고 신선생님께 부탁했다. 신 선생님은 서예도 잘하시고 남편과 뜻이 맞아 며칠 있다가 집으로 오셔서 크고 넓은 돌에다 글을 새기기 시작했다. 토산제 글귀는 남편이 서예의 대가인 여초 선생님의 수제자에게 받은 글이다. 남편도 서예를 잘하지만 더 멋진 글로써 길이길이 남기고 싶었기 때문이다. 신 선생님은 글 초본을 돌 위에 붙여놓고 글 본에 따라 돌을 파 나갔다. 날씨는 춥고 한 번에 다할 수는 없어 며칠이 걸려서 '토산제'를 완성했다.

묘비석은 글을 파다가 단단한 돌이 아니라서 글자가 선명하지 못하다고 다음에 좋은 돌을 구해서 하겠다고 했다.

몇 달 동안 내 몸무게는 5kg 정도 빠졌고 남편 역시 살이 많이 빠졌다. 서울에 있을 때 밥까지 굶어가며 그렇게 살을 빼려고 해도 안 빠지던 살이 적게 먹고 많은 일을 하니까 절로 빠졌다.

날씨가 점점 추워진다. 아예 긴 옷을 입고 왔다. 어제까지 있던 모기도 중순이 되니까 보이지 않았다.

서울 갈 일들이 자주 생겼다. 제사, 친척 결혼식, 병원, 그리고 서울서 내려오는 길에는 시골에 필요한 물건들을 많이 들고 오게 된다. 서울남부터미널에서 버스를 타면 사천시외버스터미널에 내린다. 정 사장님 차에 물건을 싣고 사천 오피스텔까지 고생 없이 올 수 있어 생활에 필요한 짐들은 들기 힘들 정도로 가지고 내려오는데 사실 정 사장님에게 짐이 너무 많아서 미안할 때가 있다.

마루천장을 하다

벽돌과 난방을 했으니 김 목수를 불러 마루천장과 황토방천장을 나무로 인테리어를 시켰다. 김 목수는 목재상을 하기 때문에 좋은 나무에 훌륭한 기술을 발휘했다. 목재상에서 다듬은 나무를 이곳에서 알맞게 또 다듬어서 집안이 목재상 같았다. 멋진 나무들이 대들보를 만들고 천장을 만들었다. 천장이 높고 넓어 다락까지 만들었다. 설계도면에는 없어도 워낙 집을 높이 지었기 때문에 마

루천장이 전부 다락이 된 셈이다. 황토방에도 나무로 천장을 만들어 놓으니 황토방과 잘 어울렸다. 이 번기회에 보일러실 선반 그리고 우물 옆에 창고까지 나무로 만들 것은 전부 다 하게 되었다.

하수도 배관 연결하기

배관 사장님이 이제는 하수도와 정화조파이프공사를 하러 왔다. 배관과 전기는 공사 시작하는 날부터 마지막까지 필요에 따라 공사를 한다. 다른 집에 50mm배관을 묻으면 우리 집에는 100mm배관을 묻는다. 그것은 나중에 배관이 좁아 막힐 일이 있기 때문에 미리 사전에 예방하기 위해서다. 집을 빙 둘러 물 빠짐을 해놓고 중간에 물 받을 관을 묻고 바깥에 수도를 4개나 만들어 놓았다. 마당에 하나, 옆 마당에 하나, 황토방 부엌에 하나, 베란다에 하나, 우물 물까지 밖에서 쓰는 물이 5개나 된다. 쓰기에 편리해서 참으로 고맙고 감사하다. 우리 집에 오시는 분들은 일을 성의 있게 하시고 열심이다. 공사하러 오시는 분들이 집이 바르게 지어져서 그런지 오시는 분마다 자신의 기술을 다 발휘해서 정확하게 하려고 하는 것 같다.

창문과 도배하기

문틀에 유리창을 끼우지 않아 바람이 집안으로 들어왔다. 도배하시는 분도 바람이 너무 들어오면 종이가 터진다고 창문을 한 다음에 하자고 했다. 문틀은 서울에서 기술자가 내려와서 만들었기 때문에 창문을 맞추려면 출장비가 많이 들어도 그분들에게 부탁할 수밖에 없는 것이다. 하루 만에 일을 끝내기 위해서 문짝을 다는 기술자들이 새벽에 출발한다고 했다. 서울서 이곳까지 차로 거의 4시간 걸리기 때문이다. 기술자들이 오전 9시경 도착했다.

마루문은 바깥 풍경이 다 보이라고 크고 넓게 만들어 놓았기 때문에 창문 자체도 무겁고 다는 데 힘들었다.

창문마다 방충망을 씌운 문을 따로 만들어 놓았다. 모기가 많은 이곳에 는 꼭 필요하다. 창문도 이중문이라 문을 닫으니 바람이 들어오지 않아 집이 정말 따뜻했다. 비로소 집 안에 있다는 느낌이 들었다. 창문들이 다른 집에 비해 크기 때문에 더운 여름에는 또 얼마나 시원할까? 넓은 창으로 자연을 더 많이 볼 수 있어 좋다.

도배하시는 분이 와서 벽과 마루를 마무리해주셨다. 옛날처럼 일일이 사람이 풀칠을 하지 않았다. 기계로 풀칠하고 모서리에는 단단하게 붙이려고 목공풀을 쓴다. 바닥은 자연적으로 보이게 나무결이 있는 갈색계통을 깔았고 황토방 벽지는 닥나무껍질이 묻어 있는 한지로 마감했다.

남편은 종대에서 똑같은 대나무 다섯 개를 잘라와 황토방에 선반을 만들었다. 앞으로 이불이나 다른 물건들을 얹어 쓰면 참 좋겠다. 시멘트로만 된 알몸이었던 집안이 우아하고 멋진 옷을 갈아입은 것 같아 마음까지 포근하다.

지붕에 기와를 얹다

기와는 남편이 프랑스점토기와 테릴을 선택했다. 우리나라 기와도 예쁘지만 테릴기와는 다채로운 색상이 있는데 그중에서 색이 밝은 카스텔이 마음에 들었기 때문이다. 테릴기와는 아름답고 도자기처럼 단단하다. 지붕하시는 박 사장이 지난번 견적을 내려고 우리 집에 왔을 때 집터가 스님이 보면 탐낼 자리라며 감탄했었다. 박 사장의 어릴 때 꿈은 기와지붕을 만드는 것이었는데 드디어 꿈을 이루고 이 일이 무척이나 재미있고 보람되다고 하신다. 기와가 워낙 무거워서 기와 들어올리는 기계까지 왔다. 몰탈 고무판으로 지붕을 덮고 일일이 기왓장 밑에 시멘트를 얹어 기와를 맞추어 나갔다. 사천에서 지붕기와를 얹는 것을 보았지만 우리 집같이 하지는 않았다. 참으로 정성을 다하는 모습이다. 머리 위에 붉고 아름다운 모자를 씌운 것처럼 지붕이 멋있었다. 또

동銅으로 된 빗물받이까지 해 놓으니 기와와 한층 어우러져 집을 다 지은 것 같다.

백사장이 와서 황토방에 불이 잘 들어가는지 알아보려고 아궁이에 불을 땠다. 불은 아궁이 속으로 들어가지 않고 밖으로 나와서 연기가 많이 났다. 백 사장도 처음에는 당황하더니 알았다면서 환풍기를 사와서 굴뚝 위에 달았다. 그랬더니 굴뚝으로 연기가 피워 올랐고 불이 잘 들어갔다. 원인은 습기라고 했다. 방구들이나 굴뚝은 시멘트로 하기 때문에 잘 마르지 않는다. 여름도 아니어서 아직 속이 마르지 않았기 때문이다. 불 땐 지가 한참을 지나서야 방바닥이 따뜻했다. 백 사장은 기분이 좋은지 성공이라고 했다. 아직 추위가 오지 않아 그런지 방은 다음날까지 따뜻했다.

지붕공사도 끝나고 아시바를 철거해야 했는데 아시바를 빌려온 서 목수와 연락이 안 돼 걱정을 하고 있었는데 다음 날 아시바 사장이 인부들을 데리고 나타났다. 지금 아시바를 철거해야 하는 이 시점에 나타나셔서 무척 반가웠다. 조상님께서 하늘에서 집 짓는 공사를 보시고 지시를 하시는 것 같아 마음이 그렇게 든든했다.

어머니를 닮은 앞집 할머니가 시금치와 파를 주셨다. 저번에는 오이도 주시고 앞으로 살면서 이웃의 정도 느끼고 잘해드려야겠다.

나는 방바닥도 말릴 겸 매일같이 황토방 아궁이에 불을 지폈다.

기초공사하고 남은 나무와 인테리어 하고 남은 나무, 합판들이 일 년은 불을 때고도 남을 정도다. 나는 나무들을 차곡차곡 쌓아놓고 못이 박힌 나무들은 못을 빼는데 공사하고 남은 나무라 못이 너무 많아 나중에는 못이 있는 채로 그냥 아궁이에 넣어버렸다. 남편이 진주 가서 커다란 자석을 사와서 재 속에 못을 찾아내고 재는 거름이 되라고 나무 아래 뿌려주었다.

바람이 쌀쌀해지니까 햇볕이 따사롭게 느껴진다. 그늘만 찾아다니던 여름날이 생각난다. 한여름 유리처럼 눈부시게 반짝거렸던 참나무의 푸른 잎들이 벌써부터 생기를 잃고 있다. 산에 올라가 보면 알밤들이 여기저기 떨어져 있어 이제는 매일같이 밤을 줍는다. 오래전에 시아버님이 심은 밤나무다. 약을 치지 않아 벌레 먹은 밤이 많았지만 우리 산에서 직접 밤을 주워 먹을 수 있어 감사한 마음이다.

반들반들 윤기 나는 왕밤을 손에 쥐면 마음이 뿌듯했다. 작은 도톨밤을 줍는 것보다 기분이 좋다. 벌레가 먹지 않은 크고 좋은 밤은 따로 보관했다. 앞으로 다가올 묘사나 제사에 쓰기 위해서다. 밤을 삶아서 먹기도 하고 아궁이에 불을 때고 난 뒤 밤을 구워서 인부들에게 나누어 주기도 한다. 서울 갈 때 아이들에게 가져다 줄 마음으로 밤을 줍는 손길이 분주하다. 약샘 올라가는 길목에 대봉감나무가 있는데 너무 높이 감이 열려 있어 대나무 가지로도 딸 수가 없다. 대봉감은 홍시가 되었을 때 꿀보다 더 달콤하다. 그래서 사천에서 옵실로 오면 감이 떨어져 있는지 제일 먼저 살펴보게 된다.

시제時祭 준비

11월 달 두 번째 일요일에는 시제를 지내는데 아이들도 모두 온다고 하고 또 친척들도 올 것이라 새 집에서 잠이라도 잘 수 있게끔 만들어야 한다고 남편은 마음이 급했다. 해마다 서울에서 시제음식을 해가지고 와서 시제를 지냈는데 시골에 내려와서 처음으로 시제를 지내는 것이다. 두 번째 일요일에 비가 온다는 소식에 세 번째 일요일에 시제를 지내기로 했다. 남편도 아이들이 오기 전에 필요한 공사는 해야 하므로 마음이 바빴고 나도 시장을 몇 번이나 오갔다. 다행히 사천에는 음식을 만들어주는 곳이 많아 떡과 돼지고기는 시장에서 주문하고 나머지는 집에서 만들기로 했다.

칠하시는 분이 지붕 아래 현장용어로 히사시라고 하는 부분과 박공, 눈썹부분, 기둥과 우물뚜껑, 부엌 벽 등 칠할 곳은 전부 칠을 해주셨다. 아이들이 오기 전에 깨끗하게 보일 수 있어 다행이다. 우물 위에 깨끗이 칠한 뚜껑을 덮었다. 그런 다음 사천에서 사온 자동 펌프를 달고 틀어 보았다. 시원한 물이 호스를 타고 힘차게 뿜어 올랐다. 물은 생명의 근원인데 우물에 물이 있고 또 물을 끌어올릴 수 있는 펌프가 있으니 살아가는데 걱정이 없는 것 같다.

전기공사 사장님이 오셔서 집의 중심이 되는 마루천장 대들보 중앙에 샹들리에를 달았다.

전봇대도 우리 집만 쓸 수 있도록 따로 세웠는데 우리 집으로 오는 모든 전선은 지하로 들어와서 현관에서 설치하게 되어있다. 그리고 대문에서 현관까지 거리가 있어 편리하게 대문밖에 인터폰을 설치하고 개폐기를 달아 집안에서 열게끔 만들었다. 대문을 주문제작하는데 시일이 걸려서 아직 달지는 못했지만 대문이 오면 달 수 있게 미리 준비는 해놓았다. 집밖으로는 정원과 대문 옆에 전등 하나씩 박공 가운데와 집을 빙 둘러 돌아가며 전등이 있고 황토방 부엌, 보일러실, 다락과 우물 옆 창고까지 전등을 달았다. 전봇대에 매달려있던 계량기까지 집안으로 들어오고 집안에서 조작이 되도록 편리하게 설치했다. 서울에서도 이만큼 편리하지 않았다. 남편은 아이들에게 아름다운 집을 보여주려고 필요한 것들을 주문했다.

무엇이든지 음식은 먹어야 하므로 최소한 냉장고와 세탁기 그리고 가스레인지를 사천 삼성전자센터에서 배달시켰다.

며칠 있으니 냉장고와 세탁기 그리고 가스레인지가 도착했다. 사천에 있는 가스회사에 설치를 부탁했더니 사장님이 금방 달려오셨다. 가스 사장님은 사천에서 팩스 보낼 때 한번 신세를 졌다. 그때 내 수필집을 드렸는데 사장님은 나를 선생님이라고 부른다. 이곳은 도시가스가 들어오지 않아 LPG를 쓰므로 사장님은 가스배관을 꼼꼼히 설치하고 가스통도 달아주며 친절하게 사용설명까지 해주셨다. 사천 오피스텔 작은 냉장고를 보다가 큰 냉장고를 보니 내년에는 죽순하고 나물들도 마음껏 냉동을 시킬 수 있겠다는 생각에 마음이 흐뭇했다. 날씨가 쌀쌀했다. 난방 기름도 배달시키고 난방을 틀어보았다. 온 집안이 훈훈하니 따뜻한 기운이 감돌았다.

마당에는 아직까지 커다란 바윗돌이 무더기로 쌓여있다. 생활에 필요한 것부터 하다 보니 미처 마당까지 돌볼 여유가 없었다. 적어도 돌도 정리되고 기둥 아래는 조경석으로 마무리를 해야 하는데 마당 정리는 하루 만에 되는 것이 아니지만 아이들이 오기 전에 조금이라도 더 예쁘게 만들어서 자식들에게 보여 주고 싶어서 마음이 급했다.

밤늦게까지 남편이 돌 놓을 자리를 일일이 봐주며 포클레인기사와 기둥 아래부터 조경석을 쌓았다. 이오니아식 기둥과 조경석이 잘 어울려 집이 더 멋있어 보인다.

아이들이 서울서 내려올 때 차를 가지고 온다기에 해마다 부쳐주던 쌀도 농사를 지으시는 분에게 집으로 갖다 달라고 했더니 시골집으로 가지고 왔다. 집을 짓고 나서 쌀 포대가 쌓여 있으니 뭔가 부자가 될 것 같았다. 풍수의 기본도 갖추었고 하늘에서 내려오는 비가 바로 하수로 나가지 않고 역수로 집을 빙 둘러 나가는 점도 부자가 될 것이기 때문이다. 전에는 옵실에서 사천으로 짐을 가지고 갔는데 이제는 사천에서 옵실로 짐을 실어 날랐다. 제일 먼저 작은방을 조상님을 모실 방으로 정하고 조상님의 사진과 유품부터 실어왔다. 어차피 다 실어 오겠지만 그릇이나 상 같은 당장 필요한 것만 챙겨가지고 왔다.

내일 11월 18일 날이 시제時祭인데 오늘 저녁에 아이들이 손자들을 데리고 내려온다고 해서 나는 사천에서 시제음식 만든 것하고 가지고 갈 짐을 챙겨놓았다. 저녁 때 아이들이 서울서 사천 오피스텔로 왔다. 12인승 승합차를 가지고 와서 사천에 있는 짐을 가득 실고 챙겨놓은 음식까지 가지고 갔다. 옵실 집에 오니 남편은 황토방에 불을 때고 있었다.

어느 정도 완성된 집을 보고 아이들은 감탄한다. 그동안 휴대폰으로 집을 촬영해서 보여주었지만 실제로 본 느낌은 궁전 같다고 했다. 집을 보는 사람들이 이게 집이냐 궁전이지 그런다. 처음에는 예사로 들었는데 여러 사람들이 궁전이다 하니까 정말 궁전같이 보이나? 하는 생각도 든다. 하얀 이오니아식 기둥을 보고 신전神殿같다는 분도 있으니 일반주택으로 보지 않고 특별하게 보이나 보다.

대문은 아직 달지 않았지만 현관문은 번호를 맞추어 열고 들어가게 되어 있고 번호는 서울 집 대문번호와 같아서 내가 열어 주지 않아도 스스로 열고 들어갔다. 처음엔 큰아들과 손자 연준이, 두 번째는 딸과 외손녀 태희, 그 다음은 작은아들과 손자 현준이다. 큰며느리는 직장관계로 저녁버스로 내려오게 되어 있고 작은며느리는 임신을 해서 오지 않았다. 그리고 큰아들은 안방에 방을 주고 딸은 황토방으로, 작은아들은 작은방을 주어서 새로 만든 솜이불을 각각 나누어 주었다. 황토방은 남편이 불을 때서 방이 뜨겁고 보일러를 틀어서 온 집안이 훈훈하다. 그동안 차가 없어 큰 짐들을 가지고 오지 못했는데 아이들이 타고 온 차로 사천 오피스텔에 있는 짐들을 두 번에 걸쳐 가지고 왔다. 이제는 매일 사천을 오가지 않아도 된다. 어차피 이곳으로 가지고 올 짐들이고 생활을 할 수 있으니 여기 있으면서 나머지 공사를 해야 했다. 밤에 큰며느리가 왔다. 집을 짓고 나서 처음으로 자식과 손자까지 와서 가족들이 첫 밤을 보내는 것이라 남편은 집에 있는 전깃불을 모두 밝혔다. 마음이 참으로 흐뭇하다. 종갓집 명당 터에 세워진 새로 지은 집에서 자식들과 손자들까지 첫날 밤을 보낸다는 것이 어디 쉬운 일인가? 일부러 하기도 힘든 일이다. 다음 날 정성스레 준비한 음식을 들고 시제를 지내려 나분산으로 갔다. 나분산에는 우리 집안의 선산이라 시부모님을 비롯해 윗대 조상님들이 다 계신다. 중시조 조상님 제단에 제물을 차려 놓았다. 친척 분들이 오시고 남편이 제주가 되어 제사를 지냈다. 가지고 간 음식을 나누어 먹고 시부모님 묘소에 가서 집을 잘 짓게 해주셨다고 감사인사를 올렸다. 시동생은 집을 둘러보고 감탄한다. 어릴 때 이곳에서 태어나 자랐기 때문에 새로 지은 집을 보고 감개무량한지 아직 보지 못한 형제들에게 보여준다고 집 사진을 많이 찍어갔다. 무사히 시제도 끝나고 아이들을 데리고 친정 부모님 묘소에도 인사를 올리고 서울로 올라가는 차에 쌀을 실어 보냈다.

친척들이 처음 시골에 집을 짓는다고 했을 때 농촌에 집 크게 지을 필요가 없다며 작게 지으라고 했었다. 누가 앞으로 시골에서 살겠느냐고 했다. 그래도 제사도 모시고 또 아이들이 다 놀러 오게 되면 적어도 37평 정도는 되어야 한다고 생각했는데 짓다 보니 50평정도 되었다.

그리고 재료를 최고급을 쓰다 보니 공사비가 예상 외로 많이 들었다. 다른 집들이 우리 집 같은 정도로 공사를 하게 되면 더 많은 공사비가 들었겠지만 남편이 재료를 사서 주고 인건비만 계산했는데도 우리의 예상을 뛰어넘었다. 앞으로 공사는 당장 필요한 것부터 차근차근 하기로 했다. 다른 부동산을 팔아서라도 토산제는 멋지게 지어서 우리가 죽고 나서도 대대로 내려가면서 모든 사람들이 다 편안함을 누리는 집이었으면 하는 바람으로 많은 정성을 기울일 것이다.

서울서 남편 친구가 왔다. 친구도 이곳이 고향이라 형님 댁에 들를 일이 있어 왔다고 했다. 처음에는 그분도 남편이 고향에다 집을 짓는다고 했을 때 참 엉뚱하다고 생각했단다. 집 지을 돈이면 은행에 넣어두고 죽을 때까지 돈 걱정 없이 편안하게 살 것이라 생각했고 요즈음 자식들이 시골에서 살지도 않을 것이라고 했단다. 남편은 "내가 죽어서 저승을 가서 염라대왕이 너는 뭘 하고 왔느냐고 물으면 대대로 살 집을 짓고 왔다고 할 것이라고" 말했다. 대부분 사람들이 불편한 시골에 돈을 많이 투자해서 고생할 것이냐고, 집을 지으려면 작게 지어 돈도 적게 들고 고생하지 말라고 했다.

그렇게 말하는 사람의 마음은 알겠지만 우리의 생각은 또 다르다. 우리가 가지고 있는 모든 것을 투자해서 자손 대대로 편안한 휴식처로 남기고 싶은 것이다. 최선을 다하고 모든 것을 바쳐야 뭔가 될 수 있다고 생각한다. 자식들이 복잡한 도시에서 심신이 지치고 피로할 때 새 기운을 받아 살아가는 데 활력소가 된다면 보람이 될 것이기 때문이다. 이제 생활에 필요한 싱크대와 소파 그리고 붙박이장을 설치하기로 했다. 색상을 선택할 때 나는 되도록 물을 연상하는 색을 원한다. 그것은 내 사주에 물이 부족해서 물은 내 용신用神이기 때문이다. 역학에서 말하는 물은 검은색인데 싱크대 색도 하부 장은 물처럼 느껴지는 검은 물결 같고 위에는 금(바위)을 뜻하는 흰 은빛이다. '금생수金生水,바위 속에서 물이 샘솟는다.' 는 뜻이 숨겨져 있다. 붙박이장도 가운데 두른 띠에서 물결이 흘러가는 모습이다. 한샘이 와서 싱크대와 붙박이장, 신발장을 3일 동안 설치했다. 날씨는 춥고 마루에서 작업을 하다 보니 먼지가 엄청나다. 매일 쓸고 닦고 구석구석 먼지를 닦아 내었는데 또 먼지를 털어야 했다. 그래도 공사가 하나하나 완성되어갈 때 기대감으로 더욱 부지런해진다. 평소 때 나는 넓은 부엌을 원했다. 부엌 살림살이도 많지만 넓은 식탁에서 편안히 음식을 먹는 그런 여유로움을 가졌으면 했기 때문이다. 내 뜻대로 부엌도 넓고 싱크대도 넓어서 마음까지 넓어지는 것 같았다. 식탁에서 앞을 바라보아도 멀리 지리산 산봉우리가 보이고 옆을 보아도 조경석으로 꾸민 언덕이 보인다. 어디를 보아도 자연이 눈앞에 있으니 마음이 풍요로울 수밖에 없다.

시제 때 다녀간 아이들이 크리스마스휴가 때 시골로 오겠다고 연락이 왔다. 전화를 받고부터 어떻게 하면 손자들이 좋아할 지 멋지고 즐거운 크리스마스가 되기 위해 남편과 나는 마음이 분주하다.

크리스마스 때가 되면 여러 가지 색깔로 된 작은 장식전구로 나무위에나 건물에 화려하게 수놓은 것처럼 반짝이게 하고 싶었는데 손자들을 위해서 이번 기회에 장식전구를 사왔다. 마루천장 아래 장식전구를 쭉 연결해서 매달아 놓고 전기를 넣어보았다. 오색불들이 반짝반짝 꺼졌다 켜졌다 하면서 아름다움을 보여준다. 손자들이 보면 정말 좋아하겠다. 아이들이 와서 따뜻하게 지내려면 집안이 따뜻해야 되기에 시험 삼아 보일러를 켰다. 한 시간쯤 있으니 온 집안에 훈기가 돌았다. 그런데 결로현상인지 아직 집이 덜 말랐는지 방 벽에서 물방울이 맺히더니 나중에는 아예 물이 흐른다. 저번 시제 때는 괜찮았는데 왜 그럴까? 바깥에 창과 연결된 부위는 석고보드를 대어 벽지에 물이 없다. 남쪽에 있는 작은방은 햇볕이 잘 드는 관계로 약간만 물기가 느껴졌는데 햇빛이 적게 비치는 북쪽에 있는 안방은 물기가 더 심했다. 또 매일같이 불을 땐 황토방 천장에 나무는 곰팡이까지 피어 있었다. 남편은 원인이 무엇인지 벽지 사장님에게 물어보고 나무천장을 한 목수에게도 물어보았다. 결과는 집이 아직 마르지 않아서 그렇단다. 미장을 하고 보름도 안 돼서 마루와 벽지를 하는 바람에 수분이 빠져

나갈 수가 없다는 것이다. 또 날씨가 추운데다 벽지나 바닥이 전부 코팅이 되어 있어 마르는 데 시간이 많이 걸리고 황토방 천장 역시 나무가 생나무라 곰팡이가 핀다는 것이다. 나는 과산화수소를 솜에 묻혀 곰팡이를 닦아내었다. 김 목수는 여름을 지나고 2년 정도 되면 곰팡이가 전부 떨어져 날아간다고 걱정 말라고 했다.

전문가의 설명을 듣고 안심이 되었다. 내년 여름이 되면 창문을 활짝 열고 집을 말릴 생각이다.

토산제를 세우다

저번에 하다 만 정원을 꾸미기 위해 포클레인 기사를 불렀다. 포클레인 하루 쓰는 비용이 너무 비싸기 때문에 일할 것부터 정해 놓고 시작을 해야 했다. 대문에서 현관으로 들어오는 계단 앞까지 크고 넓은 돌을 놓는데 마땅한 돌이 없어 신사장이 묘비석을 파다가 두었던 돌을 뒤집어서 놓았다. 그런데 묘비석이 그만 가운데 금이 가버렸다. 남편은 돌이 깨어지는 것을 보더니 한마디 한다. "조상님이 벌써 이런 것을 만들었느냐 더 살다 오라고 깨어 버렸나 보다."고 했다. 나중에 깨어진 돌은 다른 돌로 바꾸었지만 하필이면 묘비석을 했던 돌이 깨어져서 좋은 쪽으로 해석을 하게 된 것이다. 오늘이 2012년 11월 22일이다. 오늘 드디어 토산제가 마당 둘레에서 제일 배가 부른 곳에 세워졌다. 우리 집 마당은 위에서 보면 아이를 임신한 것처럼 불룩해 보이는데 바깥에서 보면

잘 보여서 남편은 토산제를 그곳에 세우기로 했다. 포클레인 기사는 네모난 돌을 받침대로 하고 산 모양을 하고 있는 토산제를 세웠다. 너무 어울렸다.

남편은 토산제라는 이름을 새겨 집 앞에 세우고 싶어 했는데 이제 그 원이 이루어졌다고 했다. 토산제를 새긴 돌은 세우고 그 옆에 넓고 큰 평상 같은 돌을 놓았다. 남편은 "토산제는 내고 옆에 돌은 당신이야." 했다.

포클레인 기사는 현관 입구에 하트모양의 돌을 놓으면서 한마디 한다.

"이 집에 오시는 모든 분들이 아름다운 사랑을 나누시고 사랑하는 마음을 가질 수 있도록 놓았습니다." 한다. 이렇게 예쁘게 생긴 돌은 땅을 파는 일을 하지만 보기 드물다고 했다. 해가 짧은데다 포클레인 기사가 또 다른 데 공사가 있다고 다음에 나머지 일을 해주겠다고 한다. 아직 우리 집은 포클레인 공사 일이 많이 있다. 집을 짓고 나면 대문 밖에 남편의 미술관을 지어야 하므로 그

곳도 담장과 조경이 필요하기 때문이다. 오늘은 마당만 평평하게 골라주었다. 여름에는 해가 길어 5시에 일이 끝이 나도 해가 남아 있었는데 지금은 5시가 되면 벌써 어둑어둑하다. 포클레인 기사는 5시면 끝나야 하는데 6시까지 일을 해주셨다. 그래서 고마워서 저녁밥을 해드렸다.

그동안 마당에 포클레인 작업 때문에 대문기둥 세우는 것을 미루어 두었는데 백 사장이 오셔서 대문기둥을 벽돌로 쌓아주셨다.

백 사장은 손재주가 좋아 기둥도 멋을 내었다.

다음 날 벽돌 쌓은 기둥에 아주머니들이 오셔서 메지를 넣었다. 백 사장은 자기를 잘 봐주는 남편이 고맙다며 노임을 안 받으신다. 고마운 백 사장과 아주머니들에게 점심대접을 해드렸다.

내가 사천에 살 때는 밥을 해드릴 수가 없었는데 지금은 부엌이 제대로 되어 있어 누가 오시면 식사를 대접해 드린다. 우리 집을 잘 지어주시는 분을 위해서 고마운 마음을 식사라도 대접하고 싶었기 때문이다.

날씨가 좋아 일이 계속 있을 때는 일하시는 분들도 돈을 벌겠지만 너무 춥고 덥고 눈비가 오게 되면 일을 쉬어야 하기 때문에 가난을 면치 못하는 것 같았다. 이번에 벽돌공사는 백 사장이 주가 되고 인부들과 손발이 맞아 열심히 해서 이익이 제법 남은 것 같았다. 기초공사할 때 곽 사장도 백 사장 같았으면 좋았을 텐데 하는 아쉬움이 남았다.

집을 짓게 되면서 매일 체크하는 것은 날씨였다. 비나 눈이나 그리고 너무 추우면 공사를 못하니까 뉴스보다 날씨에 더 많은 관심이 간다. 사천 오피스텔에 있는 짐은 저번 시제時祭 때 아이들이 와서 옵실로 가지고 왔지만 아직 가지고 오지 못한 물건들이 있어 오늘 가지러 갔다. 아직 오피스텔 보증금도 받지 않아서 시간 있을 때 가지고 와야겠다고 미루고 있었는데 옵실에 살다 보니 빨리 짐들을 갖다 놓고 싶었다. 그곳은 남의 집이고 여기는 우리 집이다.

오피스텔에서 물건들을 박스에 담았다. 작은 의자도 가지고 가려고 현관 입구에 내다 놓았다. 이곳에 있는 물건은 조상님들이 쓰시다가 둔 물건이다. 집지을 동안 잠깐 옮겨놓은 것으로 모두 제자리에 갖다 놓아야 했다. 박스를 집 밖으로 내려놓고 작은 의자는 오피스텔에 그대로 둔 채로 택시를 타고 시골집으로 와버렸다. 처음에는 의자를 두고 온 줄도 몰랐다. 며칠이 지나 작은 의자가 필요했는데 그때 생각났다. 작은 의자가 빈집에 홀로 떨어져 울고 있는 것 같았다. 몇 십 년을 옵실에서 살았는데 의자가 얼마나 섭섭해 할까? 섭섭하다 못해 절망하고 있을 것 같다.

다음 날 택시로 오피스텔로 갔다. 현관문을 열자 바로 눈앞에서 덩그러니 놓여있는 작은 의자가 나를 반겼다. 헤어진 가족상봉이

랄까? 안쓰럽고 기다려주어서 고맙다. 의자를 안고 집으로 가지고온 것이 아니라 데리고 왔다고 할 정도로 의자가 단순한 물건으로 보이지 않았다.

작은방에 조상님의 위패와 할아버지, 할머님, 아버님, 어머님 사진을 세워놓고 기도한다. '집을 아무 사고 없이 이렇게 멋지게 짓게 해주셔서 감사합니다.'

모처럼 약샘에 들렀다. 그렇게 울창했던 숲은 잎이 떨어져 서 있는 나무와 줄기까지 보였다. 고개를 돌려 보면 순간 사람인 것 같아 자세히 살핀다. 나무 뒤에 다른 나무들이 나를 곁눈질하고 있는 것 같다. 나무의 형상도 어떤 때는 착각으로 사람으로 느껴진다.

집이 크다 보니 난방비가 많이 든다. 방하고 서재는 난방을 하지 않고 마루와 부엌에만 했다. 누가 오더라도 집이 너무 추우면 있고 싶어도 있을 수 없으니 사람이 많이 머물러 있는 곳에는 따뜻해야 하고 우리도 지내는 데 불편하지 않아야 하기 때문이다. 그리고 황토방에 불을 때고 따뜻한 방에서 지내면 된다. 주위에 산도 많고 또 공사하고 남은 나무가 많아 당분간은 땔감 걱정은 안 해도 되겠다.

날씨가 쌀쌀해지더니 낙엽들이 바람에 휘날려 마치 새들이 때를 지어나는 것 같다. 군데군데 무더기를 이룬 참나무 낙엽은 다른 낙엽과 달리 크고 길어서 불쏘시개로 안성맞춤이다. 낙엽을 한아름 안고 아궁이에 넣어 그 위에 마른 대나무를 얹어 불을 붙이면 금방 불꽃이 일어난다. 공사하고 남은 나무로 20분 정도 불을 때고 나면 한 시간 후쯤 방이 뜨거워진다. 구들이 현무암이라 잘 식지 않아 하루 정도 따뜻한 방에서 지낼 수 있다. 발이 찬 나는 따뜻한 온돌방이 너무 좋다. 훈기가 도는 방문을 열면서 얼굴은 웃고 있다. 발도 시리지 않고 잠도 잘 왔다. 아침에 일어나기 싫을 정도로 아랫목은 나를 유혹한다. 그래서 잘 때마다 백 사장이 고마웠다.

남편은 매일같이 무거운 나무들을 옮기고 돌 사이에 빈 공간을 작은 돌로 메운다. 하루도 편히 쉬는 날이 없다. 무거운 것을 들고 나르니 팔 다리가 아프다고 하면서 일을 못 하면 죽을 사람처럼 일한다. 무료로 일해 줄 사람도 없고 남을 시키면 노임도 줘야 하고 또 내 생각대로 일할 수 없기에 힘들어도 본인이 한다는 것이다.

시골일이라는 것이 매일매일 일할 것이 보인다. 대나무도 바람에 쓰러져 있으면 보기 싫어 잘라내야 하고 나무며 돌이며 풀이며 보이는 것은 전부 일거리다.

상량문 붙이다

마루천장에 남편이 드디어 상량문을 붙였다. 날짜는 곽 사장이 지붕기초공사를 마무리한 날로 잡았다.

[龍 西紀二千十二年 壬辰八月八日 辛丑日竪柱上梁 應天上之三光 備人間之五福 巳坐亥向 土山戊子生 龜]

응천상지삼광은 해와 달과 별이고 비인간지오복은 수명, 부귀, 강녕, 유호덕, 고종명이다.

천장 가장 높은 대들보에 붙인 상량문을 보고 있으면 새삼 집지을 때 모습이 떠오르고 해냈다는 자부심이 있다.

텔레비전을 보다

아이들이 돈을 모아 47인치 디지털텔레비전을 사서 보냈다.

그래서 27년간이나 전화요금만 내고 그냥 버려둔 전화도 연결해야 하고 또 인터넷이나 TV도 시청해야 하므로 전화국에 연락했다. 전화를 설치하러 오신 이 과장이 난색을 한다. 전봇대에서 땅속으로 집안 현관까지 호스를 묻어 두었는데 그 호스 속으로 인터넷과 전화선을 집어 넣어야 했기 때문이다. 남편이 거들고 한참 만에 겨우겨우 현관으로 선을 빼내었다. 현관에 설치된 박스 위로 인터넷선이 보이자 땀으로 얼룩진 이 과장도 얼굴에 웃음이 번진다. 위성안테나를 마당 끝자리에 설치했다. 텔레비전이 없이 세상 돌아가는 것도 모른 채 밤이 되면 자고 아침이면 일어났는데 TV가 있으니 다른 세계에 온 것 같다.

이 과장은 마당에서 집을 바라보더니 "이게 어디 집입니까? 궁전이지." 한다. 이 분도 궁전처럼 보이나? 듣기에는 나쁘지 않았다.

고양이

이곳에는 고양이가 많다. 온몸이 검은색이라 내가 네로라고 이름을 붙였다. 그리고 누렁이, 얼룩이, 하얀 점박이, 색깔은 비슷해도 자세히 보면 각각 특색이 있는 고양이들이다. 처음에는 배고프겠다고 고양이가 잘 먹는 멸치나 생선을 섞어서 밥을 챙겨주었다. 부엌에서 잘 보이는 조경석 위에 고양이 밥그릇을 놓아두고 먹이를 먹는 모습을 보곤 했었다. 네로나 얼룩이가 먹고 가면 점박이가 오고 그랬는데 계속 밥을 주다 보니 고양이들에게 소문이 났는지 나중에는 일곱 마리의 고양이가 한꺼번에 와서 겁이 났다. 두 마리 정도라면 아마도 계속 먹이를 주었겠지만 한꺼번에 몰려오니 고양이들이 우리 집을 본거지로 삼아 고양이 천국이 될 것 같았다. 남해안 어떤 섬에 쥐들이 많이 살고 있어서 어민들이 생선을 말리고 보관할 수가 없었다고 한다. 그래서 고양이를 섬에

데려다 키웠다. 쥐들은 없어졌는데 이제는 너무 많은 고양이 때문에 생선을 말리고 보관할 수가 없다는 것을 방송에서 보았다. 밥을 주지 않아도 내가 시골에 오기 전에 고양이들은 나름대로 잘 살고 있었는데 괜히 밥을 주는 바람에 고양이 버릇만 나쁘게 만든 것 같다. 고양이들이 사람을 보면 도망도 가지 않고 빤히 쳐다보면서 무엇을 달라고 아예 드러누워 버린다.

괜히 정을 주었다가 나중에 감당 못할 수도 있겠다는 생각이 들었다. 내가 오기 전처럼 그냥 자연에서 살아가라 하고 조금씩만 음식을 주었다. 12월 7일은 대설이다. 대설답게 폭설이 내렸다. 펑펑 쏟아지는 눈을 보고 있으니 꼭 눈세계로 온 것 같다. 산과 들도 마을 지붕도 대숲도 하얀 세상으로 변했다. 마음까지 때 묻지 않고 깨끗하게 느껴진다. 하늘과 땅이 온통 하얀색이다. 황홀하고 경이롭다. 이런 광경을 형제나 아이들에게 보여주고 싶다.

기와담장

예전에는 우리 집이 종갓집이라 아래 대밭 속에 화강재花岡齋라는 곳이 있었다. 일가친척이 화강재花岡齋에 모여 회의를 하고 또 돌아갈 길이 먼 친척에게는 묵어가는 그런 장소다. 할아버지 大代에 지어졌고 아버지 大代에 종대를 옮긴다고 옛날 지어졌던 종대를 전부 분리해서 보관했는데 지붕기와는 대밭 속에 차곡차곡 쌓아 놓았었다. 햇수로는 100년이 넘어서 기와는 대나무뿌리가 휘감고 땅에 묻히고 깨어지고 이끼가 파랗게 끼어 이제는 지붕에 다시 얹을 수는 없다. 남편은 몇 년 전 내 수필집을 내면서 기와를 사용했었다. 그 당시 기와를 사용하면서 "땅속에 묻혀있는 천년의 세월을 견디면서 다시 부활을 꿈꾸다." 라고 했었다. 그때부터 기와와 인연이 있었는지 아니면 오늘을 위해 그때 기와를 사용하게 되었는지 모르지만 남편은 대밭 속에 기와를 손수레에 실어

나르기 시작했다. 기와로 담장을 쌓겠다는 것이다. 돌을 쌓아 담장을 만들고 그 위에 첨단을 만들었다. 담장은 길에서 보면 사람 키보다 높지만 마당에서 보면 마당과 거의 비슷했다. 겨울이라 땅은 꽁꽁 얼었는데 대밭 속에 기와도 땅속에서 얼어 잘못 손을 대면 그냥 깨어져 버린다. 고고학자들이 유물을 땅속에서 꺼낼 때 심정으로 일일이 조심조심 붓으로 털어 내면서 발굴하는 그런 마음으로 남편은 기와를 꺼낸다. 조상님들이 하늘에서 남편을 도우고 계신다는 마음이 드는 것은 대밭 속이 그냥 평지가 아니고 쓰러져있는 대나무와 굴곡이 심한 바닥 때문에 무턱대고 들어갔다가는 걸려서 넘어진다. 그것도 집에 들어오는 길이 내리막에다 오르막으로 바퀴가 하나뿐인 수레로 중심을 잡고 오기는 참으로 힘이 드는 일이다. 너무 힘이 드니까 남편은 한겨울인데도 땀을 많이 흘렸다. 힘들어서 많이 할 수 없어 매일 수레로 70장 정도 기와를 날랐다. 처음에는 담장에 기와를 세단으로 올렸다가 나중에는 여섯 단 그것도 낮은 것 같아 결국 여덟 단까지 올리게 되었다. 내가 보기에는 남편은 오로지 자기 힘으로 집을 멋지게 완성시키고 싶은 일념 하나인 것 같았다.

물방울이 바위를 뚫는다고 긴 담장과 언덕 위, 그리고 대문 옆과 마당 수로까지 기와로 꾸며졌다. 정말 보기도 좋고 멋도 있고 또 조상님들이 사용했던 종대 지붕기와로 꾸며서 더 보람되었다.

그리고 지붕 끝에 장식하는 사람 얼굴의 망와도 다섯 개나 찾아내어 담장 끝에다 세워놓았다. 망아에는 [崔宗家戊寅三月]이라 새겨져있다. 우리 조상님들이 사용했던 종대기와를 다시 우리 집에 갖다 놓으므로 이 집이 종대와 같은 역할을 할 것 같고 또 조상님들이 잘 지켜주실 것 같다.

크리스마스를 가족과 함께

크리스마스에 온다던 아들과 며느리, 딸과 사위, 그리고 손자들이 모두 왔다. 남편은 오색등을 설치한 마루에 전기를 꽂았다. 불이 반짝반짝 춤을 춘다. 손자들은 신기한지 환호를 지른다. 크리스마스를 자식, 손자들과 한집에서 즐겁게 보내게 되어 마음이 흐뭇하다.

기와담장과 싱크대와 소파, 붙박이장과 신발장을 보고 아이들은 더 발전했다며 좋아했다. 사천 하나로 마트에서 닭과 고기 그리고 횟집에서 싱싱한 회까지 사와서 음식을 해먹었다. 아이들은 손자들을 위해 고성에 있는 공룡박람회에 갔다가 너무 추워서 구경도 다하지 못하고 돌아왔다. 난방이 잘 된 집에 오니 너무 따뜻하단다.

좋은 집에 자식들과 손자들이 와서 맛있는 음식을 먹고 마음껏

떠들고 웃고 하니 사람 사는 집같이 푸근하다. 큰며느리와 손자가 하루 더 있다 가겠다고 남았다. 이곳에는 어린애가 놀 만한 장소가 없다. 여름이면 근처 바다를 가면 되겠지만 겨울이라 차도 없는데다 어디 갈 만한 곳이 없다. 그래서 남편이 동네에 기증한 연못에 쉼터를 만든 곳까지 가서 운동기구를 탔다. 언제 다시 올 기회가 될까? 올 때마다 재미있고 즐겁게 보냈으면 하는데 아직은 준비가 덜 되었다. 큰며느리와 연준이가 서울로 올라가자 떠나보내는 마음이 많이 서운하다.

서울에서 생활할 때는 아파트생활이 그렇게 편리했다. 문화생활도 즐기고 고된 일도 없다 보니 하루 일상들이 그냥 지나갔다.

그러다가 고향집에 살고부터는 서울생활이 정말 갑갑하게 느껴졌다. 이 곳은 숨 쉬는 공기부터 다르고 탁 트인 자연환경은 생각과 기분까지 새롭고 신선하게 만들었다.

먹는 것만 냉장고에 가득 있으면 아무 걱정이 없는 집이다.

대문이 없으면 공사가 덜 끝난 집에 아무나 들어갈 수 있어서 서울 갈 때는 대문 없는 제주도처럼 긴 대나무를 대문 기둥에 걸쳐놓고 간다. 제주도에서는 사람이 일 나갈 때 집에 사람이 없다는 것을 알릴 겸 나무를 집 입구에 걸쳐둔다. 이것을 정낭이라고 하는데 사람들이 우리 집에 왔다가 걸쳐둔 대나무를 보고 제주도에 사는 사람처럼 해놓았다고 웃었다고 했다.

아직 이사를 하지 않아서 서울에 자주 올라가지만 볼일만 보고 나면 우리는 곧바로 시골로 내려온다. 대문에 걸쳐둔 긴대나무를 치우고 집안으로 들어섰다. 우리가 없어도 물건을 잃어버린다거나 그런 일은 없다. 대문 없는 집도 많고 대문이 있어도 열어 놓고 사는 동네라 도둑 걱정은 안 하고 사는 것 같다. 주문한 대문이 도착했다. 이제 대문을 달아야 하고 뒤뜰에 많은 풀들이 나서 시멘트 포장도 해야 했다.

이 곳 집들은 모두 마당에 시멘트 포장을 했다. 포장을 하지 않으면 풀이 나서 정말 쑥대밭이 되기 때문이다.

환풍기 달기

날씨가 영하라 매일같이 황토방 아궁이에 불을 땠다. 불길이 아궁이 속에서 이글거리며 구들 속으로 들어가는 것이 보인다. 너울거리는 불길을 보는 것이 황홀해서 자꾸만 나무를 넣고 싶어지는 것이다. 조금 더 땐다는 것이 나중에는 방에 불이 날 정도다. 그래서 불길이 처음 닿은 부분에는 장판이 새까맣게 눌어붙었다. 바깥은 영하 10도인데 황토방은 뜨거우니 땀이 날 지경이다. 그래서 황토방이 효자다. 오늘도 황토방에 불을 때는데 이상하게 불길이 아궁이 속으로 들어가지 않고 아궁이 밖으로 나와서 큰일 날 뻔했다. 얼굴까지 불길이 미치자 나는 부엌 밖으로 뛰쳐나왔다. 불길이 아궁이 안으로 들어가지 않고 시커먼 연기와 함께 바깥으로 나온다. 굴뚝으로는 연기가 조금 나왔다. 한 번이 아니고 여러 차례 연기와 불길이 아궁이안으로 들어가지 않고 밖으로 나와서 백 사장한테 연락했다.

백 사장이 와서 이리저리 보더니 난데없이 해골이 막혔나? 하면서 내가 했으니 내가 다 해드린다며 걱정 마란다. 나중에 알고 보니 대부분 황토방 굴뚝에는 환풍기가 설치되어 연기를 빨아내게 되어야 한단다. 그래서 환풍기를 달아야겠다고 남편은 진주에 있는 환풍기회사에 가서 주문제작을 의뢰했다.

날씨가 따뜻해져서 뒤뜰 포장공사를 시작하려고 백 사장에게 전화를 했는데 받지 않았다. 문자도 보내고 전화를 몇 번 했는데 연락이 되지 않는 것이 꼭 서 목수하고 너무 닮았다.

서 목수는 기둥 때문이고 백사장은 황토방 굴뚝 때문이다. 두 분 모두 하기가 힘들겠다는 생각을 한 것 같았다. 정말 고마운 분들이고 잊을 수 없는 분이다. 집들이도 초대하고 다음에라도 꼭 모시고 싶은 분들인데 연극의 한 장면처럼 자신의 역할을 끝내면 퇴장하는 것 같다. 이것 역시 인생의 한 장면일 것이라는 생각이 든다.

남편은 진주로 가서 제작한 환풍기를 가지고 왔다. 배관 사장님이 오셔서 환풍기를 얹을 수 있게 만들어 주시고 전기 사장님이 오셔서 환풍기에 전기선을 연결해주셨다. 스위치만 누르면 환풍기가 돌아가고 불은 아궁이 속으로 빨려 들어갔다. 연기는 굴뚝으로 잘 나왔다. 환풍기를 달기 전에는 불이 닿는 부분만 뜨거웠는데 이제는 골고루 따뜻했다. 대부분 황토방에 환풍기를 다는 이유를 알겠다.

시멘트 포장하기

백 사장에게 부탁했던 뒤뜰 시멘트 포장은 이장님이 소개해준 박 사장이 하게 되었다. 박 사장은 건축에 대해 박식했다. 예전에 건축을 많이 해보고 관공서나 큰 건물들을 많이 지으셨다고 했다.

우리 집을 보시더니 내부 인테리어까지 손색이 없다며 감탄하신다.

다음 날 펌프카가 오고 레미콘이 세 번을 왔다. 뒤뜰이라 집안으로 펌프카가 들어올 수 없어 호스가 달린 기계로 지붕을 넘어서 콘크리트를 뿜어냈다.

박 사장과 같이 온 두 사람이 넓은 뒤뜰을 미장하고 대문 놓을 자리까지 꼼꼼히 벽돌을 쌓았다. 처음에는 백 사장 없으면 우리 집 일을 못할 것 같았지만 이번 일은 박 사장이 더 잘하는 것 같다. 대문 달 곳에는 둥근 원을 만들어 미장을 해주셔서 더 멋을 내었다. 백 사장도 원을 만들 생각을 하셨을까? 다음 날 미장을 곱게 바른 뒤뜰에 고양이들이 먼저 발자국을 내었다. 이것도 기념이 되고 추억이 될 것이다.

공기부터 봄기운이 느껴진다. 밤이 되니 집 뒤쪽 언덕에 있는 소나무에 보름달이 걸렸다. 동양화를 보는 것처럼 아름답다. 나는 창문을 활짝 열었다. 둥근 보름달이 은은하게 주위를 밝게 비추고 있다. 달 속에는 부모님의 얼굴이 보이고 또 가족들 얼굴과 내 얼굴까지 나를 보며 웃는 것 같다.

발을 다치다

우리 집 아래에 사시는 할머니가 쪽파를 갖다 주셨다. 나이가 많아 음식도 제대로 못 하실 것 같아 주신 쪽파에 오징어를 넣어 전을 부쳐 갖다드리곤 했는데 오늘도 전을 가져가려고 계단을 내려가다 첫 계단에서 발을 헛딛어 일곱 계단 아래로 떨어졌다. 갑자기 당한 일이라 일어날 수가 없었다. 나는 있는 힘을 다해서 남편을 불렀다. 부르는 소리에 놀라서 달려온 남편은 꼼짝 못 하고 하늘을 보고 누워 있는 내 모습을 보고 간이 다 떨어지는 줄 알았단다. 크게 다친 줄 알았는데 다행히 일어나서 걸을 수 있었다. 갖고 가려던 전을 할머니에게 가져다주고 왔는데 그때서야 왼쪽 발이 부으면서 아프기 시작했다. 얼른 얼음주머니를 발등에 얹고 기다렸다. 뼈가 다친 것 같지 않고 병원도 멀어 저절로 낫기를 기다렸다. 걸을 수 있다는 것에 감사하고 이 정도 다친 것도 조상님들의 돌봄 때문이라고 믿는다.

그러던 중에 딸이 사정이 생겨 손녀들을 봐달라기에 내일쯤 서울로 올라갈 생각이었다. 서울 올라가면 병원에 들러 다친 발을 보일 참이다.

작은아버님이 오시다

내일 서울 가려고 준비를 하고 있는데 서울서 작은아버님이 오셨다. 집을 지었다니까 많이 보고 싶다고 하시더니 마침내 오셨다. 여든여덟의 고령에다 몇 번의 수술로 건강이 안 좋았기 때문에 큰마음으로 용기를 내어 아시는 분의 차로 함께 오셨다. 작은아버님은 아버님 형제 중에서 다 돌아가시고 혼자 남았다. 이곳에서 태어나 자라서 고향에 대한 향수가 아주 많으셨다. 그리고 이곳 선산에 돌아가시면 들어가겠다고 미리 가묘를 만들어 놓았고 아버지가 일찍 돌아가셔서 형님을 아버지 겸 형님으로 의지했기 때문에 돌아가셔도 형님 옆에 있고 싶다고 작은아버님 가묘는 시부모님 산소 바로 아래에 있다. 작은아버님을 서울서 차로 모시고 오신 분이 작은아버님을 부러워한다. "고향땅에서 장조카가 살면서 반겨주니 얼마나 좋으세요?" 작은아버님은 기분이 좋아

웃으시며 이방 저 방 살펴보시고 집을 잘 지었다고 칭찬도 하신다. 내가 다음에 내려오시면 황토방에서 주무시라고 했더니 좋아하셨다. 작은아버님이 서울서 내려오실 때 새 집 지은 기념으로 함양군수를 하시면서 명필로 이름을 날리셨던 엄형휴 씨 글을 표구까지 해오셨다. 집을 둘러보시던 작은아버님의 눈에 이슬이 맺힌다. 허물어져 있던 고향집이 다시는 없어지나 했는데 이렇게 웅장한 궁전 같은 집을 보니 감개무량하다고 했다. 마침 큰시누이부부가 작은아버님 뵈러오셨다. 작은아버님은 오늘은 또 누굴 만나야 한다면서 다음에 또 오시겠다고 해서 나는 얼른 점심을 차려드렸다. 언제 다시 오실 수 있을까? 식사를 마친 후 남편은 작은아버님을 모시고 할머니약샘에 모시고 갔다. 약샘은 작은아버님의 어머님이 발견한 곳이다.

아버님의 지팡이를 작은아버님이 짚고서 큰시누이와 같이 약샘에 다녀왔다. 작은아버님은 자신이 죽으면 어떻게 할지 무척 걱정되었는데 이제는 너희들이 있어 안심이라고 했다. 작은아버님이라도 집 지은 것을 보여드려서 다행이다. 아버님이나 어머님에게 보여드렸으면 아니 이렇게 좋은 집에서 같이 사셨으면 얼마나 좋았을까? 돌아가신 시부모님이 보고 싶고 그립다.

다음 날 서울 가려고 사천 시외버스터미널에 도착했는데 차표가 없다는 것이다. 평소에도 차표가 없어 미리 예매를 하거나 진주로 가서 타고 갔는데 난감했다. 할 수 없어 다음 차라도 타고 가려 했는데 차표 주는 아가씨가 오더니 삼천포에서 두 사람이 차를 타지 않았다며 표가 있다고 했다. 차는 바로 왔고 우리는 탈 수 있었다. 이것 역시 조상님의 배려라고 믿는다. 서울에 도착하자마자 정형외과를 찾아서 X레이를 찍었다. 의사는 왼쪽 발에 인대가 모두 끊어졌다며 빨리 치료를 받아야 했는데 늦었다며 깁스를 해주었다. 3주까지 하고 있으라고 했는데 딸 손녀를 일주일 봐주고 시골로 오면서 깁스가 거추장스러워서 풀어버렸다. 걷는 데 조심하면 될 것이라 생각했는데 걸을 일이 많이 생겼다.

잔디 심기

넓은 마당에 잔디도 심고 또 좋은 나무를 심어야 하는데 마침 친척분이 논에 은목서를 많이 심었다고 우리보고 사라고 했다. 차일피일하다가 나무를 사겠다고 했더니 나무가 오늘 다 팔려버렸다면서 조금 있다가 17그루를 가지고 왔다. 사월 달에다 마침 비가 와서 나무 심기에 적당했다. 남편은 마당 가장자리를 빙 둘러 가며 구덩이를 파고 거름을 넣어서 물을 부어 놓고 그 위에 나무를 심었다. 은목서는 울타리 역할도 해서 마당이 한결 돋보였다.

내친 김에 강변잔디농장을 찾아갔다. 차도 없는 데다 위치가 어디인지 전화로 물어서 찾아가는데 아직 발이 다 낫지를 않아 걸을 때 약간 절면서 걸었다. 바위틈에 심을 회향목과 영산홍 그리고 주목과 향나무와 잔디를 100평에 심을 양을 주문했다. 저번에 오신 분이 마당을 보니 잔디는 100평 정도는 심어야 한다는 말을

들었기 때문이다.

이틀 후 잔디와 나무가 도착했는데 잔디가 너무 많다. 잔디 배달하시는 분이 잔디는 물만 주면 죽지 않으니 천천히 심고 나무는 오늘 내로 다 심어야 한다고 했다. 어떻게 심을지 많은 잔디를 보자 감당이 되지 않았다. 남편은 합천에 사시는 사촌형님에게 도와달라고 부탁을 했고 다음 날 형님네가 오셨다. 두 분이 오셔서 잔디를 심기 시작하자 힘이 났고 심을 수 있을 것 같았다. 남편은 마당 가운데 주목을 심고 안방 앞에는 향나무를 심고 또 회향목과 영산홍은 바위틈이나 공간에 알맞게 심었다. 일하는 것이 지루하다고 사촌형님은 음악을 들으면서 일을 하자고 해서 클래식음악과 영화음악을 틀었다. 형님은 노래를 성악가처럼 부른다. 이렇게 큰 소리로 노래를 부르니까 잔디를 심는데 지루하지 않다. 날도 저물고 힘도 들고 잔디는 마당에 아직 반도 못 심었지만 너무 많은 일을 했기 때문에 오늘은 그만 심기로 했다. 5월이라 일을 하니 너무 덥고 땀도 많이 났다. 샤워도 하고 고기를 구워서 저녁을 먹었다. 형님내외 분은 고마우신 분들이다. 처음 서울서 내려올 때도 도시락을 싸오신 마음 따뜻한 분이다.

다음 날부터 새벽같이 일어나 잔디를 심었다. 낮에는 너무 더워서 일하기가 힘들었고 또 무릎이 아프기도 해서 많이 하지도 못한다. 잔디가 너무 많이 남는 것 같았다. 전에 아이들하고 부모님산소에 들렀는데 봉분에 잔디가 많이 부족했다. 산소 옆에 큰 나무가 있으면 잔디가 자라지 못한다고 했는데 나무들이 많아 그런 것 같았다. 다음에라도 잔디를 사다 심기로 했는데 잔디도 많이 남아 있고 마침 내일이 손이 없는 날이라 힘들어도 늦출 수가 없었다. 음력 9일이나 10일이 손 없는 날인데 손 없는 날은 궂은 일을 해도 아무 탈이 없다고 해서 10일인 내일 강행하기로 했다. 남편은 오늘 저녁에 외바퀴수레에 잔디를 잔뜩 실어 놓고 물까지 뿌려 놓았다. 다음 날 새벽에 남편이 외바퀴수레를 끌고 나도 다른 수레에 호미와 낫, 톱, 나무 자르는 가위, 물까지 싣고 산소로 갔다. 집에서 15분 정도 거리지만 산 위를 올라가야 하니까 너무 힘이 들었다.

호미로 봉분 위에 난 작은 나무와 풀을 뽑고 주위에 큰 나무는 톱으로 잘라낸 다음 두 분 봉분 위에 잔디를 촘촘히 심었고 옆에 고조모님 봉분까지 심었다. 마음이 참으로 홀가분하다. 몸은 축 늘어졌지만 마음은 하늘을 날 것 같은 기분이다. 부모님 산소에 잔디를 심는 것은 꼭 새 옷을 입혀 드린 것 같았기 때문이다.

나머지 잔디는 아침마다 마당에도 심고 집 뒤쪽 언덕에도 심었다. 잔디를 심고 나니 마당이 푸른 초원이 되었다. 마당 중앙에 주목나무 옆으로 남편은 또 산처럼 생긴 바위를 갖다 놓고 그 위에 돌 두 개를 얹어 두었다. 하나는 달이고 또 하나는 해란다. 산과 나무와 해와 달이라고 하면서 십장생을 상징하는 풍경이 어울린다고 산수화라 이름을 지었다. 제사가 있어 또 서울로 올라갔다. 터미널에 내려서 병원부터 들렀다. 전에 깁스를 해주며 의사가 3주 후에 치료를 하라고 했었는데 시골에서 올 수가 없어 날짜를 한참이나 넘겨 버렸기 때문이다. 의사는 이미 치료시간이 늦어 버렸다면서 화를 냈다. 평생 아프게 지내야겠지만 그래도 운동으로 극복하라고 발 운동을 가르쳐주신다. 걸어다니는 것은 불편이 없어서 속으로는 발 운동만 열심히 하면 아무 문제가 없을 것 같다.

서울서 내려오자마자 남편은 사람이 다니는 길에는 풀밭이 되지 않게 골재를 깔아야 한단다. 흙만 있으면 온갖 잡초들이 아우성을 치며 올라와 자리를 잡는다. 잡초를 이길 수 없고 풀이 많으면 걸어 다니기도 어렵고 또 풀숲을 좋아하는 뱀이 있을지도 모른다며 골재를 이 이사에게 부탁했다. 고맙게도 이 이사가 골재를 실어왔다.

한겨울에 종대에서 기와를 가지고 와서 담장을 쌓고 또 구석구석 기와로 모양도 만들고 또 혼자서는 들지도 못하는 바위를 지렛

대를 이용해서 끌어다 놓고 지금은 골재를 외바퀴수레에 담아서 길 위에 깔고 있다. 골재를 깔기 전에 풀을 다 뽑은 것도 모두 남편이 혼자서 다 했다. 이런 일들이 내가 보기에는 남편에게는 무척이나 재미가 있는 것 같다.

들어오는 입구와 집안에서 걸어 다니는 길에는 전부 골재를 깔아서 보기도 좋지만 앞으로 풀이 나지 않아 다니는 데 편하겠다.

대문 달기

이제 대문을 달 차례다. 진주공업사에서 대문을 예쁘게 달아 주셨다. 대문기둥을 탄탄하게 해 놓아서 설치를 잘할 수 있었다고 한다.

우리 집에는 누구든지 와서 보면 대충할 수 없게 만드는 것 같다. 이처럼 멋진 대문은 처음 본다.

대문까지 달고 나니 집이 안전한 것 같아 마음이 편하다.

대문기둥에 인터폰을 설치했고 우체통도 인터폰 위에 설치했다. 집안도 아니어서 바깥에 설치한 인터폰이 비에 맞으면 고장 날 우려가 있다고 전기 사장님이 인터폰에 뚜껑을 해놓았는데 사람들이 알 수 없을까봐 뚜껑을 열고 누르라는 글을 코팅해서 붙여놓았다.

친척 분들이 가을걷이를 했다면서 마늘도 주시고 콩도 주시고 고구마도 주셨다. 참으로 감사하다. 좋으신 분들이 많은 것 같다.

나는 우리 집에 오시는 분은 그냥 보내지 않는다. 집안으로 들어오시게 해서 먹을 것을 대접해드린다. 집배원이나 전기검침하시는 분이 오셔도 고생하시는데 뭐라도 드려야만 마음이 편하다.

이제 아침에 일어나면 무엇부터 할지 정해진 것은 없지만 남편은 골목부터 쓸고 청소하는 것부터 시작한다. 집터 평수가 600평 정도고 산과 접해 있어 집둘레까지 합하면 평수를 따질 수가 없다. 그러다보니 관리하기도 쉽지가 않다. 딸에게 전화가 왔다. 그동안 매일같이 부모의 안부를 묻는 딸은 아들과 달리 부모를 생각하는 마음이 남다르다.

영하의 날씨가 계속이다. 한여름을 그립게 만드는 계절이다.

눈이 너무 많이 와서 마당에도 눈이 쌓여 있다. 건조주의보가 내렸는데 눈이 녹지 않고 뽀송뽀송해서 밟으면 사각사각 소리가 크게 나면서 뽀드득거린다. 밟으면 들어가지도 않을 정도로 눈이 단단하다.

큰 고양이들 몸무게가 얼마나 나가는지 눈 위에 고양이 발자국이 나있다. 양력설이라 슈퍼에서 사온 떡으로 떡국을 끓였다. 조상님과 부모님 사진 앞에 떡국을 놓고 간단하게 가족들의 건강을 빌었다. 나중에 떡국을 한 숟갈 떠서 "고수레" 하며 마당에 뿌렸다. 눈 위에 떨어진 떡을 언제 보았는지 어치 세 마리가 날아와 떡을 쪼아 먹는다. 눈이 너무 많이 쌓여 동물들도 먹이가 없나 보다.

몸이 괜찮으시면 다시 오시겠다던 작은아버님께서 돌아가셨다.

인품도 훌륭하시고 자식들에게 부담을 주지 않으려고 미리 자신이 들어갈 자리까지 만들어 놓으신 분이다. 서울에서 장례를 치르고 화장해서 이곳 선산에 묻히셨는데 그동안 풍수공부를 해온 보람으로 남편은 지관이 되어 작은아버님이 편안히 가시도록 마무리를 하였다.

작은아버님은 연세도 많으시고 또 자기 할 일을 다 마무리하셔서 그런지 내 마음도 편하다. 선산에 계신 조상님과 그립던 부모님 그리고 형님까지 다 만나 보셨을 것 같다.

누구나 한 번 가면 다시는 돌아오지 못한다. 죽음 앞에서는 순서가 없다. 죽음과 함께 그 사람의 생각과 애착도 한 순간에 사라져버리는 것이다. 굳이 사물에 애착을 가지고 욕심을 낼 필요가 있을까? 생활하면서 꼭 필요한 것 이외에는 다 짐이 되는 것 같다. 내가 죽고 나면 내 소지품들도 자식들에게 필요하지 않으면 버려질 것이기 때문이다.

남편은 미술관을 지어서 조상님들의 유품들을 전시해 놓으려고 한다. 인쇄인지 손으로 쓴 글인지 구분을 못할 정도로 글씨를 너무 잘 쓰시는 아버님의 유품과 조상 대대로 내려오는 상징적인 물건들 그리고 남편의 작품들은 이 집과 함께 보존이 되어야 한다는 생각 때문에 집 옆에 미술관을 짓고 가끔 작품 감상도 하면서 차라도 먹을 수 있는 장소로 만들 생각이다.

우리가 죽고 뒤에 남을 후손들을 생각하면 이 집을 더 살기 좋게 만들어 누구나 마음 편히 휴식을 취하고 좋은 기운을 받게 해주고 싶다.

직장인들의 생활을 보면 시간적으로 경제적으로 생활에 여유가 없다. 서울에 가서 자식들 사는 것을 봐도 직장에 매이고 가정에 매여 자기 시간을 여유롭게 낼 수가 없는 것 같다. 우리가 만들어 놓지 않으면 나중에 자식들이 할까? 생각이 들다가도 우리가 죽고 없으면 자기들 생각대로 또 하고 살겠지 하는 마음도 든다.

이오니아식 기둥에 군데군데 칠이 벗겨졌다. 집을 보면 기둥이 바로 보여 우아함을 보였는데 칠이 벗겨지다 보니 낡은 기둥을 세운 것처럼 보기가 싫었다. 남편은 칠 전문가를 불러 원인을 물어보았다. 어떤 이는 그냥 두어도 한 달 안에 칠이 다 벗겨질 것이고 그때 가서 칠을 다시 하면 된다고 했고 다른 분은 기둥에 있는 칠을 억지로 다 벗겨내고 칠 배합을 다시 해서 칠해야 한다고 했다. 너덜거리는 칠을 일부 벗겼으나 그렇지 않은 곳은 칠이 단단히 잘 붙어 있어서 벗길 수도 없다. 한 달이 지났으나 칠은 더 벗겨지지 않아 손님이 왔을 때를 생각해 남편은 임시방편으로 흰색 수성페인트를 칠했는데 칠이 아주 잘되었고 더 이상 벗겨지지도 않았다. 그 사람들에게 칠을 맡겼다면 돈도 들고 또 실패했을 것 같다. 어느 정도 집안은 정돈이 다 되었다. 이제 이사를 해도 될 것 같았는데 남편은 내년 설을 지내고 오자고 한다. 그만큼 서울 일들이 남아 있었기 때문이다.

짐을 가지고 오다

추석에 서울로 올라갔다. 남편은 우리 집 짓는 데 많은 도움을 주셨다면서 고향 분들께 인사를 해야 한다고 서울서 선물을 준비해서 미리 앞집 할머니집으로 부쳐놓았다. 다행히 추석연휴라서 아이들이 회사를 가지 않아 당장 필요한 짐을 큰 트럭에 싣고 두 아들과 며느리 그리고 손자까지 시골로 왔다. 아직 서울에 많은 짐들이 있었지만 가지고 온 짐도 상당히 많았다. 가족들이 힘을 합쳐 땀을 흘려가며 짐을 옮겼다. 저녁때가 되어서야 짐을 다 옮겼고 앞집 할머니에게 맡겨놓았던 선물을 찾아 우리 집 들어오는 골목에 계신 분들과 친척 분들에게 일일이 고맙다며 선물을 드렸다. 힘들게 짐을 옮겨 놓고 회사 일에 차질이 생길까봐 서울로 가는 것이 낫다고 하면서 아이들이 밤중에 서울로 올라갔다. 자식들이 있어 반쪽 이사지만 참 편하게 했다.

가족이 합심하면 안 되는 일도 되고 합심하지 않으면 되는 일도 안 되는 것처럼 자식들 모두 부모를 도와주려고 애쓰는 모습이 가슴으로 와 닿는다.

언니들이 오다

서울에 사는 큰언니와 부산에 사는 작은언니 형부가 친척 결혼식이 있어 마산에 왔다가 사천에 있는 친정어머니 산소도 보고 우리 집에 왔다. 집을 보신 작은형부는 일이 있어 부산을 가시고 큰언니와 작은언니는 황토방에서 이틀 밤을 주무시고 가셨다. 언니들이 따뜻한 방에서 잘 주무시고 갈 수 있어 내 마음도 편하다. 작은언니는 엄마가 살아계셨으면 얼마나 좋을까? 했다. 딸들 마음에는 이렇게 좋은 집에서 친정엄마가 곁에 있었으면 싶은 마음이다. 집 주위를 돌아본 언니들이 집이 너무 좋단다. 큰언니는 재봉을 배워서 옷을 만드는데 나는 몇 년 동안 언니가 해준 옷을 입고 살았다. 자식들 옷 만들면서 막냇동생인 내 옷도 철철이 해주셨다. 이번에 오실 때 옷본을 만들어 오셨고 자신이 보내준 천으로 작은언니에게도 직접 옷을 만들어 주셨다. 작은언니도 보리수열

매로 만든 발효액을 가지고 와서 큰언니와 나에게 주었다. 내년에는 보리수 어린 나무를 주시겠단다. 큰언니와 작은언니는 동생인 나에게 무한한 사랑을 주신다. 그런 언니가 있어 나는 참 복이 많은 사람이다. 언니가 가고 나서 나도 아이들이 내려오면 입히려고 언니가 준 옷본으로 옷을 만들어 보았는데 참으로 어렵다. 재단을 몇 번 해도 틀리고 바느질도 잘못해서 망치기가 여러 번이다. 언니는 눈도 안 좋은데 옷을 만드는데 얼마나 고생을 하셨을까? 언니가 참으로 존경스럽다. 뭐든지 자신이 경험을 해봐야 상대방의 어려움을 이해한다.

베란다에 돌 붙이기

그동안 베란다를 방부목으로 할지 대리석으로 할지 고민이 많았다. 방부목은 따뜻한 느낌은 들었으나 관리를 계속해야 하는데 대리석은 깨끗하고 견고했다. 그래서 대리석을 붙이기로 결정하고 여러 전문가에게 알아보았다. 돌에 글을 새기는 신 선생님이 돌에 관해서는 전문가다. 여러 전문가의 의견을 들어보았지만 신 선생님 만큼 마음에 들게 하지는 못했다. 다른 분들은 기둥 아래 돌을 조각내어 붙이고 또 지붕에서 내려오는 물 받침대를 대리석 바닥 위에 두는데 신선생님은 기둥 아래를 기둥 모양대로 돌을 오려 붙이고 물 받침대는 대리석 바닥 아래로 보이지 않게 만든다고 했다. 그래서 신 선생님과 두 분이 일주일 동안 공사를 했다. 그동안 베란다 공사를 하지 않아 빗물이 고여 있었는데 대리석으로 무늬를 넣어 만든 베란다는 반짝반짝 빛이 났다. 이오니아식 기둥이 더 돋보였다. 신 선생님을 만나지 못하고 다른 사람에게 공사를 주었더라면 많이 후회했을 것이다. 신 선생님을 만나려고 이렇게 늦게 베란다공사를 하게 되었다는 생각이 들었다. 내친 김에 부엌 옆에 햇볕이 많이 들어와서 챙도 만들고 알루미늄으로 된 난간도 만들었다. 이제 집에 관한 공사는 모두 다 했다.

이곳 생활은 일찍 자고 일찍 일어나는 것이 습관이 되었다. 일찍 자다 보니 새벽에 일어날 때가 많다.

커튼을 걷고 새벽하늘을 보니 구름 속에 반달과 별이 밝게 빛난다. 구름은 그대로 있고 달과 별이 흘러가는 것처럼 보였는데 다시 보니 달과 별은 그대로인데 구름이 빠르게 지나간다. 그만큼 바람이 많이 분다는 증거다. 이곳 풍경은 현실보다 꼭 꿈을 꾸고 있는 것 같다. 아침에 태양이 산 뒤에서 떠오르면 앞산이 서서히 붉게 물들면서 산 전체로 퍼져나간다. 그러면서 산안개가 산 중턱에 하얀 띠를 두르며 하늘로 오르는 것을 아침마다 보고 있으면 이곳이 천국이 아닐까? 그런 생각을 하게 된다.

대숲에서 까마귀가 새 한 마리를 땅으로 물고 내려와서 한참을 있다가 까마귀만 날아갔다. 무슨 일인가? 나중에 그곳에 가보았더니 새 깃털만 흩어져있었다. 약육강식도 모두 자연의 이치다. 동물들의 먹이사슬에는 어쩔 도리가 없다.

나무 베기

집 뒷산에 큰 소나무 옆으로 참나무가 많이 있는데 소나무와 참나무가 같이 붙어 있어 소나무가 참나무에 치여 크지도 못하는 것 같다.

또 죽은 소나무도 있어 남편은 산림청에 나무를 베어줄 것을 요청했다. 12월이라 겨울에 나무를 베는 것이 좋다고 해서 연락을 드렸는데 고맙게도 산림청에서 과장님이 답사를 하고 이틀 후에 안전모를 쓴 열 명의 직원들이 나왔다. 옛 말에 큰 나무는 영靈이 있어 함부로 베면 안 된다고 했기 때문에 오랜 세월을 견디며 커온 나무들에게 미안하고 또 나무를 베는 데 아무 탈이 없어야 되므로 남편은 새벽에 나무들에게 술을 뿌리며 기도했다. 큰 나무는 전문가가 아니면 다칠 수도 있고 죽을 수도 있다고 한다. 워낙 큰 나무라 직원은 나무 위로 올라가 나무꼭대기에 밧줄을 매달고 아래서 잡아당기는데 톱질은 넘어지는 반대편을 잘랐다. 큰 나무들이 직원들 손에 꼼짝을 못한다. 참나무는 표고버섯이 잘 자란다고 다음에 버섯을 재배하라며 알맞게 잘라 주시기까지 했다.

버섯은 2월 달에 군에서 종묘를 판매한다며 녹지과에서 여러 가지 혜택이 있다는 정보도 일러주신다. 이렇게 고마운 사람들을 보내주시는 것도 모두 조상님 덕분이란 마음이 든다.

이사하기

설도 있고 이사 준비도 해야겠기에 서울로 갔다. 서울에 오면 마음이 단단해지고 생각도 긴장되고 절로 걸음도 빨라진다.

설을 쇠고 설 연휴를 이용해 이번에도 두 아들이 수고를 해주었다. 저번 추석 때 어느 정도 이삿짐을 옮겼지만 남아있는 짐들이 너무 많다. 그동안 시골로 이사할 생각으로 아파트로 옮길 때마다 시골 가지고 갈 짐들을 박스에 넣어 묶어놓은 짐들도 많았고 또 책들이 아주 많았다. 이번 기회에 꼭 필요하겠다는 물건들만 가지고 가려고 많이 버렸다. 이사할 날에 비가 왔다. 오늘 이사보다 비 안 오는 내일 이사를 하라는 조상님들의 뜻이겠다 싶어서 내일로 미루었다. 다음 날 날씨가 화창했다. 가족들과 손자까지 이삿짐 트럭에 짐들을 날랐다. 새벽부터 짐을 날랐기 때문에 아침 8시에 서울을 떠날 수 있었다. 아들 둘은 이삿짐 차에 같이 타고 가고 남편과 나는 고속버스로 시골로 내려갔다. 사천에서 내려 시골로 택시를 타고 가는데 막히는 데도 없었지만 동네 골목길에 차 한 대도 없이 바로 우리 집까지 곧장 왔다. 아들 이야기를 들어보니 고속도로에 차가 없어 시골집까지 오는데 한 번도 막히지 않고 쉬지도 않았다고 한다. 우리가 먼저 와서 대문을 열어 놓고 이사 받을 준비를 끝내자 이삿짐 차가 도착했다. 두 아들이 짐을 옮겼고 기사아저씨가 짐을 내렸다. 두 아들 덕분에 파손된 물건 하나 없이 무사히 짐들은 집으로 옮겨졌다. 이런 큰일들을 아들들이 있어 해냈다는 것에 무척이나 자랑스럽다. 두 아들은 다시 서울로 갔다. 나는 가방 속에 모시고 온 부처님을 조상님 영정사진이 있는 붙박이장 맨 위에 모셨다. 동銅으로 된 작은 부처님은 12년 전에 사업을 하시는 정 사장님이 중국에서 가지고 와서 남편이 임자라면서 주신 선물이다. 보면 볼수록 온화한 모습이 아름다워 남편은 순금으로 개금改金까지 해드렸다. 불교방송 무상사에서 2009년 12월 25일 점안식까지 마치신 부처님을 모시고 나니 마음이 든든하면서 편안했다. 짐정리를 시작했다. 서울에서 버린다고 버렸는데도 장롱에 옷을 다 넣을 수가 없다. 그래서 평상시 입지 않아도 다음에 입을 수 있겠다고 아까워서 버리지 못한 옷들을 과감하게 버렸다. 옷, 책, 물건들을 한곳에 모아 고물상을 불렀는데 정말 트럭에 한가득이다. 그동안 입지도 않으면서 아깝다고 넣어

두었던 옷들이 차에 실려 떠나자 속이 다 후련했다. 왜 진작 버리지 못하고 힘들게 시골까지 가지고 와서 버렸을까? 속으로 미련하다며 나를 탓했다. 남편은 서재를 정리하는 데 밤을 새운다. 집을 깨끗이 정리해 두고 싶어서 남편과 나는 짐 정리에 며칠을 보냈다. 오래된 내 노트에서 돈다발이 나왔다. 노트를 보니 이십 년은 된 것이다. 또 옛날에 쓰던 가방 속에서도 오래된 새 돈이 나왔다. 잊어버리지 않고 다음에 잘 쓰겠다고 넣어 두었지만 세월이 가면서 기억 속에서 사라졌다. 돈이 나왔다고 하자 남편은 뉴스에서 고물에서 돈이 나왔다는 것은 이런 경우 같단다. 노트나 가방을 들여다보지도 않고 버렸으면 다른 사람이 발견할 수도 있는 것이다. 갑자기 횡재를 만난 기분이랄까? 그래서 또 쓰기가 아깝다고 봉투에 넣어서 조상님을 모시는 장소에 넣어두었다. 마루에 카펫도 깔고 식탁보도 씌우고 부엌살림이며 물건들이 모두 있을 자리를 찾아가니 비로소 집이 어우러졌다.

남편은 예전에 비디오카메라를 가지고 다니면서 촬영을 하곤 했는데 이번에 테이프를 정리하면서 하나하나 틀어보았다. 테이프 속 동영상에는 큰언니 집에서 돌아가신 사돈어른과 친정어머니 그리고 큰형부와 큰언니 작은형부와 작은언니, 우리들이 돌아가면서 노래를 부르고 있었다. 날짜를 보니 25년 전이다. 어머니의 노래를 들으니 꼭 살아 계신 것 같다. 그때 친정어머니 나이가 지금 내 나이다. 그때부터 어머니는 17년을 더 사셨다. 그 당시 아무도 돌아가실 날을 생각하지 못했을 것이다. 또 안다고 뭐가 달라지셨을까? 만일에 내가 어머니 나이에 죽는다고 한들 지금 뭘 더 할 수 있을까? 그저 흘러가는 세월에 몸을 맡기고 하루하루 열심히 사는 수밖에 어쩔 수 없는 일이다. 지금 칠순이 넘은 형부 언니는 그때 너무 젊었고 뚱뚱하게 살이 찐 나 역시 너무 젊다. 동영상을 보니까 그때 그 시절이 생각나지만 보지 않았으면 그런 적이 있었는지 기억조차 없었을 것이다.

또 다른 테이프에서는 25년 전 설날에 우리 집에 친척들이 다 모여 노래자랑을 하는 것이다. 지금 나이가 마흔 살이 넘은 우리 아이들과 친척 아이들이 너무나 귀여운 모습으로 노래를 부른다. 저렇게 귀엽고 사랑스런 아이들이 지금의 자신들을 상상이나 했을까? 그때는 모두 내일의 희망과 멋진 미래만 있을 줄 알았거나 앞날에 대한 생각도 하지 않았을 것이다. 행복하게 잘 사는 사람도 있지만 경제가 어렵고 결혼도 못했거나 이혼을 한 경우도 있다. 저렇게 사랑스럽고 눈이 초롱초롱 빛나는 예쁜 아이들은 다 어디로 갔을까? 지금과 비교하니 왠지 서글픈 마음이 든다. 또 카세트테이프가 있었는데 밖에 써놓은 글이 아버님 글씨다. 남편은 테이프를 넣고 틀어보니 뜻밖에 아버님 목소리가 흘러나온다. 돌아가신 고모님도 또 다른 목소리도 있었다. 아마도 할머니 기일에 모여 담소를 하고 있는 것을 기념하기 위해 녹음을 해둔 것 같았다. 남편은 아버님이 살아계시는 것 같다면서 아버님의 목소리가 크게 울리게 볼륨을 올렸다.

장 담그기

서울에 있을 때도 간장 된장 고추장은 사먹지 않고 직접 담가서 먹었다. 아파트라서 그런지 서울 공기가 안 좋아선지 햇볕이 쨍쨍 내리쬐는 맑은 날을 만나기가 쉽지 않았다. 그래서 시골에 오면 구름 없는 맑은 날 장독대에 장들이 햇볕에 맛있게 익어가는 것을 생각했었다. 시어머님이 쓰시던 항아리가 많았었는데 깨지고 다행히 몇 개는 남아 있어 장항아리로 쓰면 좋겠다 싶어 깨끗이 씻어놓았다. 마침 영현면에 콩이랑 농원이 있는데 그 곳에서 국산 콩으로 만든 메주를 샀다. 콩 한 말 메주를 배달시켜서 음력 1월 말午날에 담갔다. 사람들이 장은 말午날이나 닭酉날에 장을 담그면 맛이 좋다고 했기 때문이다. 내친김에 작년가을에 고추농사를 짓는 아랫집에서 첫 고추를 따서 말린 것을 사두었었는데 방앗간에 가서 가루를 내어 고추장도 담갔다.

항아리들이 반짝거리며 장독대가 제법 그럴듯했다.

금곡장은 5일장이다. 1일과 6일에 장이 서는데 걸어서 20분 정도에 있다. 슈퍼, 병원, 약국, 종묘상, 음식점, 농협과 우체국 등 생활에 필요한 정도는 다 있다. 나는 차가 없으니 걸어서 갔다가 시장도 보고 슈퍼에 들러 필요한 여러 가지를 사서 슈퍼 배달용차를 타고 온다. 생활하는 데 그렇게 불편하지는 않다.

표고버섯 종균 넣기

지난 번 군청 산림과에서 참나무를 잘라 주셨는데 이제는 표고버섯종균을 심을 차례다. 이장님께 부탁해서 고성군청에 가서 표고버섯종균을 사왔다. 2월에 종균을 넣어야 하는데 잘 몰라서 한 달 늦게 3월에 하게 되었다. 이장님이 마을 분들을 불러주셨다. 잘라진 참나무에 드릴로 작은 구멍을 만들어 그 속에다 버섯종균을 넣는다. 아침부터 시작해서 저녁까지 하루 종일 작업을 했다. 추운 날씨를 생각해서 점심은 따뜻한 떡국으로 대접했다.

다음 날 종균을 넣은 참나무를 이장님이 트랙터로 운반해 밭에다 차곡차곡 쌓아 놓고 검은색 그물망을 사가지고 와서 씌워 놓았다.

일단은 비도 맞고 두었다가 6월쯤 그늘에 세워두면 된다고 한다. 참나무가 많으니 버섯도 많이 날 것 같다. 그렇게만 된다면 그동안 고마우신 분들과 같이 나누어 먹고 싶다.

봄바람이 비단결처럼 부드럽다. 달콤하고 감미로워서 절로 눈이 감긴다. 나도 어느새 봄바람이 되었나? 내 몸이 자연의 일부라도 된 듯 하늘을 날고 있는 기분이다. 이곳에는 돈이 많이 들지 않는다. 차가 없어 오시는 분에게 차로 마중을 못 나가는 것이 아쉽지만 자급자족도 되고 서울생활에 교통비 정도면 이곳에 드는 공과금도 해결되니 공기 좋은 이곳이 정말 마음에 든다.

소나무를 심다

조경하시는 분이 집에 왔다. 그분은 우리 집을 쭉 둘러보시더니 모든 것이 거의 완벽할 정도로 잘 어우러졌는데 정원이 좀 허전하다고 하신다. 건물보다 조경이 아름다움을 차지한다면서 조경석 앞에 세 그루 정도 소나무가 있으면 좋겠다고 했다. 그 말을 들은 남편은 고성 나무시장에 가서 둥그런 모양을 하고 있는 아름다운 소나무 세 그루와 매실, 자두, 대추, 털가시오가피, 동백나무 등 여러 나무를 배달해서 조경석 앞에 알맞게 심었다. 소나무는 막걸리를 부어주면 잘 자란다고 해서 막걸리를 사가지고 와서 기도하고 부어주었다.

그런 와중에 합천에 사시는 사촌형님 내외분이 배롱나무와 홍가시, 산호수까지 심어주셔서 정원은 더욱 멋있고 아름다웠다.

텃밭 가꾸기

봄이다. 만물이 소생하는 봄을 맞아 작년에 만들지 못한 텃밭을 부지런히 만들었다. 돌들이 많아 돌을 들어내고 골을 파고 비닐까지 씌웠다. 밭고랑만 내어도 무슨 농부라도 된 것 같아 흐뭇하다. 씨앗을 뿌려주고 모아둔 맥문동 씨를 조경석 사이에 심고 작년에 작은아들이 갖다 준 감자에서 싹이 나서 이참에 감자도 심으려고 감자 눈 있는 부분을 잘랐다. 그래도 확실하게 해야 한다고 인터넷으로 찾아보았더니 자른 부분에 살균처리한다고 재를 묻혀서 심는다고 해서 그렇게 했다.

날씨가 추워서 그런지 생각처럼 빨리 새싹이 나지 않았다. 한참을 지나니까 감자 싹이 땅 위로 뾰족이 고개를 내밀었다. 신기하고 대견하다.

작년 가을에 집 근처에서 들깨를 모아둔 것이 있어 또 호미로 땅을 골라 비닐을 씌우고 비닐 구멍마다 들깨 몇 알씩을 넣고 흙을 뿌려주었다. 이번에는 비닐을 씌워 아예 풀을 나지 못하게 한 것이다. 일주일이 지났나? 들깨 싹이 비닐 구멍마다 올라와 있다. 나는 너무 기분이 좋았다. 또 다른 땅에도 비닐을 덮고 콩을 두 알씩 심고 흙을 뿌려주었다. 전처럼 마구 뿌렸다가는 감당도 되지 않고 크지도 못하고 죽어 버리면 안 되니까 신중을 기했다. 콩 역시 비닐 위로 고개를 내밀었다. 콩잎도 깻잎도 감자도 감사하게도 잘 자라서 일어나면 먼저 눈길이 갔다. 풀들은 채소보다 더 빨리 튼튼하게 흙이 있는 부분에는 여지없이 자란다. 아침 일찍 일어나면 잔디 속에 있는 풀들을 뽑아주고 밭고랑에 나 있는 풀을 뽑는 게 일과다. 잔디 속이나 밭에 풀을 뽑으면서 잡초들에게는 참 미안한 마음이 든다. 나에게 필요하면 귀하고 그렇지 않으면 버린다. 호미를 들고 다니면서 깻잎같이 너무 조밀하게 몰려있는 곳은 뽑아 옮겨주고 바위풀이나 옥잠화 같은 종류는 옆으로 퍼지니까 적당하게 심었다. 무엇보다 바위 사이마다 씨를 심은 맥문동의 싹이 올라올 때는 기쁜 나머지 감탄이 절로 나온다. 나중에 푸르고 멋진 아름다운 정원을 그려보면서 내 손놀림은 바쁘다.

자연의 이치

아침에 대숲을 보니 까치들이 요란하다.

까마귀가 까치 새끼를 물고 날아가고 까치 부부가 뒤쫓아 따라 갔는데 결국은 포기하고 만다. 까마귀는 까치보다 크고 빨랐다. 다음 날도 똑같이 까마귀가 새끼를 물어가고 까치는 따라가다 포기한다.

새끼를 잃어버린 까치가 안타깝긴 하지만 까치 역시 다른 작은 새를 먹이로 삼고 있으니 어쩔 수 없는 일이다. 이곳에는 많은 새가 살고 있다. 책이나 방송에서 본 새들도 많다.

아침이면 뻐꾸기를 포함해 지저귀는 새소리에 잠을 깬다. 논에 가면 왜가리를 보고 뒷산에는 나무를 쪼는 딱따구리와 암탉 우는 소리를 내는 꿩, 밭고랑을 다니면서 먹이를 찾는 산비둘기, 저녁이면 숲 속으로 날아가는 수십 마리의 때까치를 본다. 강이 가까이 있어서인지 색깔이 화려한 물총새까지 볼 수 있으니 이곳은 새들이 살기 좋은 곳인 것 같다. 가만히 흙 속을 보아도 식물들도 차례를 기다리듯 땅을 뚫고 올라온다. 그 자리에 있던 풀을 뽑고 며칠 있다 가보면 똑같은 자리에 다른 풀들이 자리를 차지하고 있다. 작년에 토끼풀이 언덕에 많아서 시간이 날 때마다 호미로 토끼풀을 뽑았다. 매일같이 풀을 뽑으니 토끼풀이 날 수가 없었는데 올 해 언덕 위 잡풀들 속에 대부분 토끼풀이다. 눈을 밝히고 없애버린 토끼풀이 어떻게 날 수 있을까?

작년에는 꿀풀들이 언덕을 차지했는데 올해는 제비꽃이 언덕을 차지했다. 해마다 많이 번식하는 식물이 다른 것을 보면 내가 알 수 없는 하늘과 땅의 섭리일 것이다.

앞집 처마 밑에 제비가 집을 지었는지 제비 두 마리가 부지런히 들락거렸다. 아마도 새끼에게 먹이를 주는 것 같다. 까치 새끼처럼 까마귀에게 당하지 말고 무사히 커야 할 텐데 은근히 걱정된다.

고양이들도 새알도 먹고 새들도 잡아먹는다. 가끔 마당에 고양이들이 먹고 난 굴러다니는 새알 껍데기를 보면 새들이 불쌍하다는 생각이 든다. 그렇다고 고양이를 미워할 수도 없는 일이다. 산과 가깝다 보니 새뿐 아니라 뱀, 쥐, 두더지, 노루, 토끼, 산돼지도 있다. 아무래도 고양이의 역할이 있지 않을까 싶어 남편은 고양이보고 밥만 먹으려고 하지 말고 쥐나 잡으라고 했더니 다음 날 쥐를 잡아 잔디밭 돌 위에 얹어 놓았다. 그 뒤로 다섯 마리 정도 더 잡았고 나중에는 남편이 쥐 말고 두더지도 잡으라고 했더니 다음 날 두더지 새끼를 물어다 놓았다. 고양이들이 말을 알아듣는 것일까? 고양이가 영물이라고 사람들이 말하더니 고양이가 정말 사람 말을 듣고 하는 것 같다.

처음 이곳에서 본 검은고양이 네로와 누렁이라고 불리던 고양이가 자신을 닮은 새끼들을 데리고 우리 집을 찾아온다. 살아있는 모든 생물은 대代물림이다.

우리 집 주위에 나는 식물들이 대부분 약초가 많다. 식물도감을 보면서 약초인지 독초인지 보고 풀들을 헤아려 본다. 새싹일 때는 대부분 먹어도 되지만 크면 독이 생겨 먹으면 안 되는 것도 많다. 쑥이 몸에 좋다는 말을 듣고 부지런히 쑥을 뜯는다.

어린 쑥을 삶아 말려서 가루도 내고 또 냉동시켰다가 쑥떡도 해 먹고 쑥부침개, 쑥국, 쑥튀김, 쑥버무리 등 쑥으로 할 요리가 많아 봄이 가기 전에 시간이 날 때마다 쑥을 뜯었다. 그리고 뽕잎이나 감잎도 따다가 발효액도 만들고 깻잎이나 머위는 장아찌를 만들어서 자식들이나 형제자매에게도 보낸다. 해마다 제철에 난 채소나 곡식 열매로 효소를 만들거나 말리거나 또 설탕이나 소금에 절이거나 뭐든지 저장하려고 애쓰고 눈에 보이는 대로 음식재료를 만들어 준비해 둔다. 관심을 가지고 살펴보면 먹을거리가 참 많다. 정말 시골에 오기 잘한 것 같다. 봄에 심은 깻잎과 콩잎은 다른 집에 비해 많이 컸다. 깻잎 하나가 내손바닥 보다 더 넓다. 첫잎이고 영양이 많아 그런지 뒤쪽은 보라색이다. 향도 진해서 먹어본 사람마다 감탄을 한다. 또 감자도 제법 알이 들었다. 토마토도 익어가고 매일 한두 개식 따고 풋고추와 상추도 식탁 위에 오른다. 여러 가지 채소로 반찬을 해먹으며 황제가 부럽지 않다. 농사도 실패를 거듭하면서 조금씩 배운다. 비가 오면 채소들이 잘 자라겠고 햇볕이 나면 빨래나 버섯이나 고추 등 말릴 물건들을 부지런히 늘어놓는다. 시골에 살면 날씨에 따라 생활도 변한다.

오월 달에는 연휴가 많아 아이들과 손자들까지 모두 왔다. 큰아들이 남편이 좋아하는 음악만 골라서 들고 다니면서 듣도록 해주었다. 옛날 우리 세대에 유행했던 곡들과 외국 팝송이다. 며느리는 남편과 내가 먹을 영양제를 사가지고 오고 사위와 작은아들까지도 먹을 것을 많이 사가지고 왔다. 내 손자 손녀들 연준이, 태희, 태은이 현준이, 보경이 하나같이 귀엽고 사랑스럽다. 건강한 자식들과 착한 며느리, 사위, 예쁜 손자, 손녀들을 보는 것만으로 우리는 충분히 복福을 많이 받은 사람이다. 우리에게 농사지어서 쌀을 주시는 분이 부인과 같이 오셨다. 육십이 넘었는데 부인이 우리 집을 둘러보더니 나를 보고 한마디 한다.

"얼마나 복福이 많으면 이런 집에서 살까요? 전생에 무슨 좋은 일을 했으면 이런 궁전 같은 집에서 사나요?" 한다. 사실 집 없는 사람이 얼마나 많은가? 또 집이 있다고 해도 편안하게 살 수 있는 집은 또 얼마나 되나? 고통 속에 사는 사람들은 또 얼마나 많은가? 돈이 많다고 행복한 것도 아니다. 마음 편한 것이 제일 행복한 것 같다. 그런 의미로 마음 편해서 복福이 많은 내가 많은 사람들에게 복福을 많이 나누어 주어야 하겠다는 마음이다.

올해도 어김없이 죽순이 많이 올라왔다. 작년에도 6월까지 죽순이 올라왔기 때문에 때를 놓치지 않았다. 죽순을 삶아서 냉동보관하고 말려서도 보관했다. 송원 뒤쪽은 과일나무를 심으려고 대나무를 다 베어버렸는데 땅속에 있는 대나무뿌리 때문에 나무를 심지 못했다. 이 다음에 포크레인으로 뿌리를 파낼 수밖에 없다. 뿌리가 있으니 작은 죽순들이 끊임 없이 올라온다. 나는 죽순이 커서 대나무로 자라기 전에 낫으로 베어 내었다. 언덕 끝에 있는 죽순을 낫으로 힘껏 내려쳤는데 발이 미끄러져 언덕 아래로 순식간에 떨어졌다. 눈을 떠보니 잡초가 우거진 땅바닥이다. 정신이 훅 나간 것 같았다. 가만히 일어나서 언덕 위를 보니 낫이 나무에 매달려 있었다. 낫이 나와 같이 떨어졌다면 내가 어떻게 되었을까? 만일에 이대로 떨어져 죽었다면 내가 죽었다고 인정할 수 있을까? 그래서 저승도 못 가는 유령들이 있겠다는 생각이 문득 들었다. 누가 볼까봐 창피한 생각도 들고 얼굴과 다리가 쓰라린 것 같아 떨어진 모자를 집어 들고 빠른걸음으로 집안으로 돌아왔다. 남편에게 말하면 위험하다고 하지 말라고 했는데 했다고 핀잔만 들을 것 같아 화장실로 가서 거울을 보았다. 오른쪽 얼굴 부위가 벌겋다. 다행이다. 찢어지고 피가 나고 뼈라도 부러졌으면 어떻게 되나? 다리 안쪽에 크게 두 줄로 피가 맺혀 있고 바지도 찢어졌다. 얼른 안티푸라민을 찾아 얼굴과 다리에 범벅이 되도록 발랐다. 쓰라리고 따갑고 아파도 꾹 참았다. 남편에게 아무 말도 못하고 속으로 "할머니 조상님 나를 살려주셔서 감사합니다." 라고 수십 번 말했다. 그리고 평상시 즐겨 쓰는 까만 머리띠를 찾았는데 찾을 수가 없었다. 며칠 뒤 남편이 내가 떨어진 자리에 우연히 가게 되었고 부러진 대나무를 가져다 불쏘시개로 쓰려고 황토방 아궁이에 넣으려고 했는데 대나무 가지 속에서 내 머리띠를 발견했다고 나에게 주었다. 내가 떨어질 때 머리띠가 대나무 가지에 걸렸던 모양이다. 나는 속으로 또 한 번 약샘할머니가 도와주셨다는 것을 알았다. 이렇게 알게 모르게 조상님은 우리를 보살피신다.

형제들이 모이다

시어머니 기일에 시형제들이 다 모이기로 했다.

모두 칠형제 중에서 막내시동생과 큰시누이만 이곳에 와보고 나머지 형제들은 집을 짓고 나서 처음이다.

평일이라 퇴근하고 나서 모여 같이 오려니까 밤에 오는 수밖에 없다. 남편은 제사상을 차려놓고 형제들을 기다렸다. 부모님이 계셨던 집을 새로 지어 동생들에게 보이고 싶어 하는 마음을 옆에서 보기에도 기분이 좋다. 집안에 불은 다 밝혀놓았다. 자식들이 오거나 할 때도 박공부터 정원에 있는 등까지 모조리 불을 밝힌다. 이웃도 불을 많이 밝히면 누가 오는구나 할 정도로 표시가 난다. 밤 10시가 넘어서야 동생들이 도착했다. 환하게 밝혀진 집을 보더니 첫마디가 궁전 같다고 했다.

작은시누이가 오는데 차가 안 막히고 빨리 잘 올 수 있었는데 꼭 엄마가 자식들 잘 오게 하려고 지켜주고 있는 것 같다고 말한다.

그동안 시골에서 필요할 것이라고 먹을 것 입을 것 신발과 의약품 등을 택배로 보내주었는데 이번에 오면서 많은 선물을 또 가지고 왔다. 그래도 생각해주는 사람은 형제나 자식이다.

형제들은 어린 시절 살았던 집을 생각하다가 잘 지어진 집을 보니 감개무량한가 보다. 제사를 지내고 여러 가지 나물을 넣고 만든 비빔밥을 맛있게 먹고 나서 밤이 늦도록 어릴 때 이곳에서 살면서 일어났던 이야기가 끝이 없다. 그리고 예전에 시아버님 돌아가시고 초상 치르는 장면을 비디오로 만들어 두었는데 남편이 비디오테이프를 틀었다. 28년 전일이다. 영상 속에는 동네 분들이 요령을 흔들고 상여를 매고 노제를 지내고 울며불며 통곡하는 것을 보니 눈물이 났다. 모두 다 숙연하다. 나이가 있다 보니 벌써 돌아가셨거나 아직도 살아계신 분들이 남아 있는데 정말 잘해드려야겠다는 마음이 들었다. 오래 살고 싶은 것이 인간의 욕망이다. 90살 넘은 할머니에게 소원을 물었더니 이렇게 좋은 세상 더 오래 살고 싶은 것이 소원이라고 했다. 건강해서 자식들에게 짐이 되지 않는다면 오래 살면 좋은 일이다. 시어머니는 환갑 때 돌아가셨는데 90살 넘은 할머니보다 30년이나 빨리 돌아가셨다. 그 당시는 잘 몰랐다. 지금 내 나이를 비교해 보아도 너무 젊은 나이에 세상을 떠나셨다. 안타깝고 보고 싶다. 오늘 시어머니 기일,

자식들과 며느리들이 다 모인 것을 보고 흐뭇해하실 것 같다. 형제들은 밤늦도록 잠을 설치다가 아침이 되자 집을 둘러본다. 할머니약샘에도 갔다 오고 잘 자란 깻잎과 상추도 뜯고 머위장아찌와 죽순도 챙겼다. 그동안 가지고 가지 못한 자신들의 물건들을 이번 기회에 가지고 가면서 부모님 산소에 들려서 서울로 떠났다.

집을 짓고 나서 보여주고 싶은 사람에게 보여주었다는 뿌듯함이랄까? 기쁜 마음으로 떠나는 형제들을 보니 내 마음도 흐뭇하다.

앞집 처마 밑에 새끼에게 먹이를 주던 제비부부가 우리 집 박공 속에 나란히 앉아 잠을 잔다. 처음에는 우리 집에도 제비집을 지으려고 하나? 했는데 새끼들이 다 커서 있을 곳이 없어 우리 집에 온 것 같았다. 다음 날 보니 제비들 여러 마리가 앞집 처마 앞 전기 줄에 나란히 앉았다가 날아간다. 새끼들의 비행연습을 보는 제비는 얼마나 흐뭇할까? 까마귀에게 빼앗긴 까치새끼를 생각할 때 제비가 참 대견하다는 마음이 든다.

남편은 송원을 올라가는 언덕에도 나무계단을 만들고 대나무로 손잡이까지 만들었다. 위에 있는 밭으로 올라가는 길에는 반듯한 돌을 깔아서 흙을 묻히지 않고 갈수 있도록 해 두었다. 너무 힘 드는 것 같아서 내가 좀 거들어 주려고 하면 자기가 다 알아서 한다고 한다. 아마도 머릿속에 구상이 다 되어 있는 것 같다. 남편에게는 이집이 하나의 작품이다. 돌 하나를 쌓는 손끝에도 희열을 느낀다고 했다. 완성되어 갈 때마다 성취감이 높아지고 의욕도 생기며 어떤 장소를 볼 때마다 이곳은 앞으로 이렇게 하고 저곳은 앞으로 저렇게 하겠다는 생각과 마음이 든다고 한다. 언제 죽을지 모르는 것이 인생인지라 하고 싶은 것을 다 하고 죽을지 알 수가 없다. 나 역시 약샘 가는 길이나 조경석 사이마다 맥문동을 심어서 겨울에도 푸른 잎이 무성하고 봄과 여름에 우아한 보라색 꽃들로 아름답게 치장을 했으면 얼마나 보기 좋을까? 그리고 유실수도 알맞게 심어 많은 사람들이 와서 과일을 나무에서 따먹을 수 있도록 하고 싶다. 남편의 꿈과 내 꿈이 죽기 전에 다 이룰 수 있을까? 사는 것이 막막하고 꿈도 희망도 보이지 않고 절망할 때 죽음을 생각하겠지만 그래도 세상을 살다 보면 즐거울 때도 아름다울 때도 행복한 순간이 있게 마련이다. 사람에 따라서는 인생이 길게 느낄 수도 또는 짧게 느낄 수도 있겠지만 하고 싶은 일들이 많은 사람에게는 인생이 짧게 느껴질 수도 있겠다 싶다.

수도가 들어오다

우리가 고향에 오고 나서 동네에 많은 변화가 왔다. 그동안 지하수를 식수로 했는데 석회가 많아 물이 거칠어 비누거품도 잘 나지 않았었다. 2014년 10월 6일 드디어 진주 진양호에서 오는 수돗물을 먹게 되었다. 물이 얼마나 부드럽고 깨끗한지 느낌부터 달랐다. 그리고 더욱 잘된 것은 수도관을 묻는다고 도로를 파서 다시 아스팔트 포장을 하는데 우리 집 대문 앞까지 깨끗한 길이 멋있게 났다. 만일에 진주 수돗물이 들어오고 도로 포장도 끝이 난 상태에서 우리가 시골에 집을 지었다면 집 앞은 아스팔트가 아닌 시멘트 포장이었을 것이다. 남편이 또 하나의 작품을 만들었다. 베란다 아래 길고 넓은 벽이 있는데 남편은 그곳에 국전에 당선된 글을 먹으로 써 놓았다.

觀千劍而後識器 聽萬曲方能曉聲(관천검이후식기 청만곡방능

효성)

'천 자루의 검을 살펴본 후에야 검의 질을 알고 만 번의 곡을 듣고 연주해 본 뒤에야 소리를 안다.'는 뜻이다. 아무도 흉내 낼 수도 없는 일이다. 예서대련의 큰 글을 먹으로 써 놓으니 독특해 보이고 거룩한 느낌까지 든다. 그리고 기와에 "진정한 승리자는 자신의 분노와 미움을 이겨낸 사람이다." "꿈을 오래하면 누구나 꽃이 핀다." "두 사람이 마음을 같이 하면 그 예리銳利함이 쇠도 끊는다." "입은 행복幸福을 부르는 문門이기도 하고 재앙災殃을 부르는 門이 되기도 합니다." "이 세상에서 자기 자신은 정말 소중한 존재이다." 같은 좋은 글귀들을 써서 알맞은 곳에 세워놓으니 보는 사람들이 참으로 느낌이 좋다고 말한다. 뭔가 이루고 싶고 채우고 싶은 것이 마음인지라 우리 집은 죽을 때까지 계속 진행일 것이다. 남편은 검은색 넓은 돌을 집에 들어오는 입구부터 대문까지 조성을 했다. 그리고 문화재로 지정된 곳에서 지붕갈이를 한다고 해서 단단하고 윤기 나는 옛날기와를 트럭으로 일곱 번이나 실어왔다. 이런 인연도 모두 조상님들의 덕분으로 생각한다.

여덟 단으로 올렸던 담장이 그동안 낮아 보여 마음이 쓰였는데 새로 가지고 온 기와로 여덟 단을 더 올려 모두 열여섯 단으로 만들었다. 담장이 높으니 복이 나가지 않고 담장으로의 가치가 있어 보인다. 1, 6은 풍수학적으로 물에 해당하는 숫자이다. 물이 용신

인 우리로써는 더 바랄 것이 없다. 담장끝 부분에는 여 망와를 빙 둘러 모양을 내었으니 아름답기 그지없다. 주차장 첨단에도 기와를 얹고 화분으로 조경 석 위에 적당하게 배치했다. 주차장까지 집의 일부처럼 느껴지며 멋을 더한다.

계절은 한결같아 지난 가을처럼 올해도 밤은 열렸고 나는 뒷산을 오르며 밤을 줍는다. 작년처럼 밤을 주워서 삶아 이웃에 나누어 주고 아이들에게도 보내주었다. 정원에 푸른 잔디는 더위를 잊게 할 만큼 시원하게 보였는데 이제는 가을 옷을 갈아입고 겨울 채비에 서두른다.

떨어지는 감을 보니 작년에 담가두었던 감식초가 생각났다. 항아리를 열어보니 식초 냄새가 코를 찌른다. 남편과 같이 감을 걸러내고 식초를 병에 담았다. 은은한 흰빛이 도는 감식초는 색깔까지 예쁘다. 식초를 주고 싶은 사람이 눈앞에 떠오른다. 항아리를 비우고 또 감식초를 만들 준비를 했다.

준공을 하다

2014년 12월 2일 집을 짓기 시작한 날부터 2년 5개월 만에 준공을 했다. 아직도 할 일들이 많지만 집은 부족함 없이 완성되었다.

서울에 올라온 김에 병원에 들러 남편 약도 짓고 맥문동 씨도 받아왔다. 맥문동은 이번 가을이 아니면 씨를 받을 기회가 없기 때문에 눈에 보이는 대로 훑어왔다. 흑진주 같은 씨앗을 한 주먹씩 따면서 이 다음에 활짝 핀 맥문동 꽃이 무더기를 이루었을 때를 상상하니 흐뭇했다. 얼마나 많이 땄는지 보는 사람들이 다 놀랐다.

싹이 잘 나오게 하려고 맥문동 씨를 감싸고 있는 검은 껍질을 벗기는데 너무 힘들었다. 일주일 정도 말려서 내가 원하는 약샘과 뒤쪽 언덕에 골고루 씨를 뿌려 묻었다. 그러던 중에 보리수를 가지고 오겠다던 작은형부 언니가 보리수나무, 금송, 향나무, 금목서, 꾸지뽕나무와 녹차 씨앗을 가지고 왔다.

녹차나무를 산에다 심고 싶었는데 언니가 가지고 와주어서 반가웠다. 씨앗은 작은 언니와 내가 송원에 있는 기와 둘레에 30미터 정도 길게 심고 향나무는 안방 창문 앞에 심었다. 어린 보리수와 꾸지뽕나무는 작은형부가 적당한 곳에 골고루 심어 주셨다. 작은언니는 녹차가 기와 둘레에 푸르게 장식하면 정말 멋지겠다고 자기 일처럼 좋아했다. 시골에서 사먹기도 힘들다고 농사 지은 키위도 가지고 오시고 빵과 고기까지 사가지고 오셨다. 동생을 위하는 마음이 커서 나는 언니들 때문에 행복하고 감사하다. 따뜻한 황토방에서 하루 주무시고 표고버섯종균 넣은 참나무 몇 개를 가지고 가셨다. 드릴 것이 있어 참 다행이다. 마음뿐 아니라 농사라도 열심히 지어서 누구에게나 많이 드리고 싶다. 건너편 종대 대밭이 있던 곳에 밭을 만들어 과일나무를 60그루 심었다. 감, 자두, 매실, 대추 등 여러 가지 과일나무를 심으면서 많은 사람들, 자식이나 손자들까지 풍성하고 맛있는 과일을 따먹는 모습을 그려본다. 어서 봄이 왔으면 내년이 벌써 기다려진다. 서울에 있을 때는 겨울이 추우면 따뜻한 봄을 기다리지만 이곳의 봄은 새싹이 돋아나는 생명의 봄이 기다려지는 것이다. 다 같은 봄이지만 환경에 따라 마음에 있는 봄은 달라진다. 이곳에서 느끼는 것이 있다면 때를 기다릴 줄 알아야 한다는 것이다.

어느새 김장철이 되었다. 심어놓은 배추가 제법 속이 찼다. 앞집 할머니가 서리가 내린다면서 무를 뽑으신다. 무는 얼면 못 쓴다고 배추보다 먼저 뽑는다고 하기에 나도 따라서 무를 뽑았다. 뽑은 김에 동치미도 담고 멸치젓도 달이고 무김치도 담았다. 내가 심어서 김치를 담그니 보람 되었다. 김장을 하고 나서 콩 농사를 하시는 분에게 콩을 사서 메주도 만들고 청국장도 만들었다. 메주는 황토방에서 짚을 깔고 말렸는데 하얀 곰팡이가 나오면서 매주 뜨는 냄새가 집안전체에 퍼진다. 자꾸 맡다 보니 오래된 친구같이 구수한 냄새로 느껴진다.

정말 뜻밖에 군청에서 비가 많이 왔을 때 계곡에 물이 잘 빠질 수 있도록 돌을 쌓아 수로를 만들어 주셨다. 시아버님께서 살아생전에 약샘으로 가는 길이 좁고 위험해서 좋은 길을 만들고 싶어 하셨는데 길을 만드시는 포클레인 기사가 아버님의 지시대로 하는 것처럼 큰 돌로 약샘에 있는 소나무 아래 받침대도 만들고 약샘 가는 길도 넓고 안전하게 만들었다. 남편은 약샘 주위를 손질하고 작은 돌로 경계를 만들어 건수가 약샘으로 들어가지 않게 만들고 바닥은 시멘트로 포장해서 잡풀이 나지 않게 만들었다. 전에는 길도 위험한 데다 약샘이 나무에 가려 잘 보이지 않고 어두웠는데 지금은 길도 넓고 깨끗하고 밝아서 약샘을 찾아 가게 만들고 물도 마시고 싶어졌다. 할머니의 영이 어려 있는 곳.

많은 사람들이 약샘을 찾게 되니 할머니도 많이 좋아하시겠다는 마음이다. 서울에서 작은숙부님과 숙모님 그리고 아들며느리까지 집을 짓고 나서 처음으로 오셨다. 집이 너무 좋다고 하시며 새 집에 걸으라고 벽시계를 주셨다. 그리고 약샘에 가서 기도를 하시겠다고 해서 가는데 옛날 오솔길만 생각하시다가 넓은 길에다 단풍나무까지 빨갛게 물이 들어 주위에 가을산과 어우러지니 숙모님은 너무 아름답다고 감탄하신다.

표고버섯이 나다

참나무에 버섯종균을 넣고 언제 버섯이 나는지 세워둔 나무를 오고가며 눈여겨 보았다. 버섯종균을 넣었던 마을 사람이 궁금한지 버섯이 났느냐고 나를 볼 때마다 묻는다. 때 마침 여주 산림조합에서 버섯재배에 대한 강의가 있다고 해서 남편과 같이 하루 수업을 받았다.

수업을 받고 종균을 넣었으면 제대로 했을 텐데 우리는 그렇게 하지 못했다. 참나무 하나에 부채꼴 모양으로 빽빽히 종균을 넣는데 우리 집은 큰 나무에 대충 넣어서 공간이 많이 남은 나무가 아까웠다.

이 년 정도 되면 버섯이 나온다고 했는데 일 년 반 정도 될 무렵 비가 많이 오고 난 후 까만 단추모양 버섯이 나오기 시작이다. 일 주일 만에 사람 얼굴 정도로 커 버렸다. 버섯은 갓이 퍼지기 전에

따야 하는데 하루만 늦어도 손바닥만해졌다. 크고 좋은 참나무라서 그런지 향도 진하고 맛도 좋다. 날것으로 먹어도 얼마나 부드러운지 입에 살살 녹는다. 먼저 버섯종균을 넣어주고 버섯이 났는지 궁금해 하시는 분들과 이웃 분들께 버섯을 갖다 드렸다. 이렇게 잘생기고 큰 버섯은 처음 본다면서 다들 고마워했다. 나무가 많다 보니 버섯 역시 많이 났다.

이렇게 귀하고 몸에 좋은 버섯이 많이 났는데 다 나누어 먹어야 한다며 남편은 화선지에 붓글씨로 "아름드리 큰 참나무에서 이 년 만에 움튼 표고버섯, 고기하고 구워 드시면 정말 맛있습니다."라고 쓰고 먹는 방법과 영양성분까지 알뜰히 적어서 표고버섯 위에 얹어 포장을 하고 우체국 택배로 아이들부터 친척들 형제들, 그동안 고마우신 분과 친구들에게 보내고 우체국 직원까지 버섯을 주었다. 버섯도 버섯이지만 잘 쓴 글을 보고 더 감동을 한다. 추석 때 아이들이 시골로 내려와 버섯 난 것을 보더니 신기해서 감탄한다. 생버섯이 부드럽고 맛있지만 햇볕에 말리면 비타민D가 생성되어 더 영양이 많다고 하니 버섯을 썰어 채반에 담아 햇볕에 말렸다. 어떤 때는 하루 종일 버섯을 썰어 팔이 다 아프다.

메뚜기도 한 철이라고 버섯이 끈임 없이 자꾸만 나는 것도 아니라서 있을 때 부지런히 말려서 보관해 두었다. 나물 무치거나 볶을 때도, 국을 끓일 때도, 밥을 할 때도, 적당하게 표고버섯으로 요리를 했다.

음식도 맛있고 몸도 건강해지고 내 평생 이렇게 많은 표고버섯을 먹을 수 있는 것은 이곳에 살기 때문이다.

자동차를 사다

그동안 차가 없어서 가족이나 형제들이 고속버스를 타고 와도 마중도 갈 수 없었고 또 우리가 사천이나 고성에 볼일이 있어도 택시를 불렀다. 남편은 서울 일도 그의 마무리되었다면서 차를 사겠다고 했다.

그동안 여러 차들을 구경하고 봐왔는데 결국은 작은 경차를 선택하게 되었다. 경제적으로 알맞고 또 매일 타는 것도 아니고 젊지도 않다 보니 잘한 것 같다. 2015년 9월 22일 사천에서 쉐보레 경차를 남편이 운전을 하고 집으로 왔다. 새 차라서 그런지 승차감이 어떤 차보다 좋다.

서울보다 도로에 차가 많지 않아서 위험하지도 않고 좋아하는 노래까지 틀어 놓고 숲길을 감상하면 행복하다는 마음 가득하다.

아이들이 고속버스를 타고 오면 터미널까지 마중도 가고 또 시장이나 마트도 원하는 만큼 물건을 사가지고 온다. 차가 있으니 시간도 절약되고 힘도 들지 않고 춥거나 더워도 고생스럽지 않고 정말 편리하다.

사평보 수호비를 세우다

돌아가신 시아버님이 꼭 세워놓고 싶었던 비석碑石이 있었다. 옛날 우리 동네에 가물면 물이 없어 농사를 짓지 못했는데 농사

지을 물을 사평보沙坪洑에서 끌어오기 위해 우리 마을 오서리, 옆 마을 오동리 사람들이 합심해서 윗동네(진양군 성산리) 사람들과 조선시대부터 서로가 이기고 지는 재판을 해왔고 그 과정에서 피 흘리고 다치고 옥에 갇히고 심지어는 돌아가신 분도 계셨다고 한다.

결국에는 사평보가 우리 마을

(吾邑谷里)에서 관리할 수 있게 종식終熄으로 끝을 맺었다. 아버님과 작은아버님 그리고 동네 모든 분들이 그 당시 기념으로 우리집 마당에서 축하사진을 찍었는데 기념사진 속에 1953년이라고 쓰여 있으니 남편의 나이가 다섯 살 때다. 사평보는 일 년 내내 물이 마르지 않아 전국이 가물어서 농사를 망쳐도 사평보 덕분에 우리 마을에는 물이 풍부해 농사도 잘된다. 아버님이 살아계실 때 사평보수호비沙坪洑守護碑를 마을에 세우려고 기금도 마련하고 했지만 어떤 사정으로 뜻을 이루지 못하고 돌아가시게 되었다. 작은아버지가 비석을 세우려고 했지만 돌아가신 분이 대부분이고 자금도 많이 들어서 하지를 못하다가 결국 작은아버지도 돌아가셨다. 남편은 아버님의 뜻을 이어받아 사평보수호비를 세우려고 많은 준비를 했다. 돌아가신 시아버님이 비석을 세우려고 만든 장부며 사평보를 위해 애쓰다 돌아가신 마을사람들 그리고 비석을

세우려고 애쓴 분들의 이름(백오십 명 정도)을 하나도 빠짐없이 새겨 달라고 비석 만드는 곳에 갖다 주었다.

수호비가 세워질 곳은 마을 입구에 소정기라는 터가 있었는데 마을길을 내는데 도로로 터가 들어가고 나머지에는 오백 년 된 포구나무가 서 있는 곳이다. 1953년도 마을 사람들이 우리 집 마당에서 기념사진을 찍은 옛날 사진을 남편이 인쇄소에 가지고 가서 천에다 크게 플래카드로 만들어 포구나무가 서있는 정자에 걸어두었다.

사람들이 무슨 사진인지 궁금해서 아는 얼굴들을 알아보고 신기해 한다. 사진 속에 주인공들은 그의 돌아가셨지만 자신들의 아버지나 시아버지, 이웃 아저씨가 대부분이다.

수호비가 다 제작이 되었다고 연락이 왔다. 비석 값이 모자라 걱정을 했는데 다행히 남편이 전에 일을 봐주었던 곳에서 돈이 나왔다. 정말 아버님이나 작은아버지가 하늘에서 보고 계셨나 보다. 남편의 수고비가 수호비 비석 값하고 거의 같았다.

우연이라고 말할 수조차 없을 정도로 비석 값하고 같을 수가 있나? 남편은 아버님이 보고 계신다며 정성을 다했다. 비석을 세울 장소는 좌향을 맞추어(子坐에 午向) 위치를 정확하게 해서 땅을 파고 콘크리트로 마감했다. 비석이 아주 컸다. 넓이가 150cm 높이가 120cm지만 받침대 까지 합치면 높이는 2m가 넘는다.

대형 기중기차가 와서 비석을 들어 올리고 석재상 사장까지 와

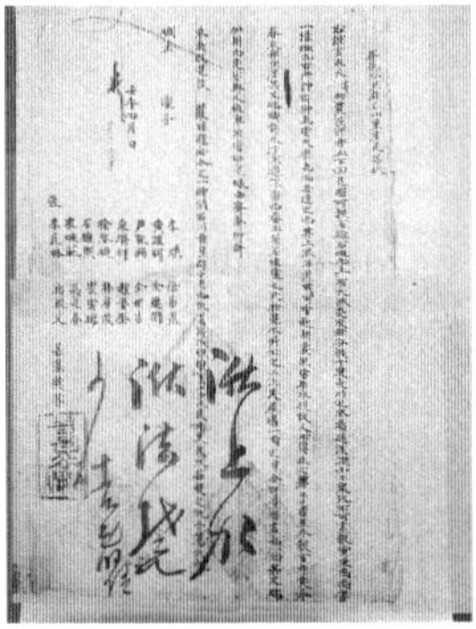 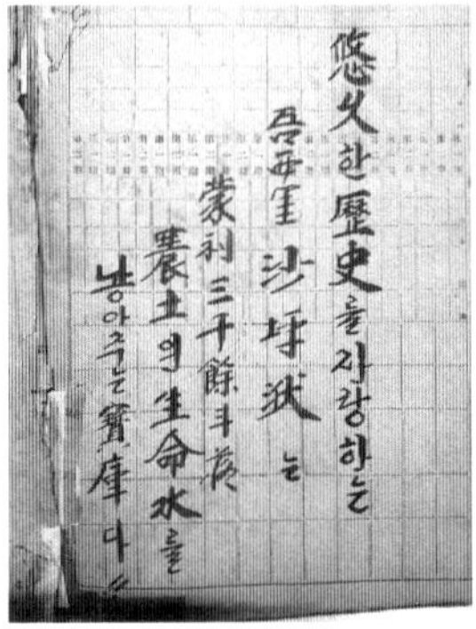

서 진두지휘를 했다. 비석 주위에는 대리석을 깔아 풀이 나지 않도록 만들었다. 수호비 앞에는 아버님이 사평보 비석을 세우려고 적어 놓은 시가 있었는데 남편은 우리나라에서 유명한 여태명교수님에게 글씨체를 받아 아버님 시를 작은 돌에 새겨 시비도 세웠다. "유구悠久한 역사歷史를 자랑하는 오서리 사평보(吾西里沙坪)는 몽리삼천여두락농토蒙利三千餘斗落農土의 생명수生命水를 낳아주는 보고寶庫다. 단기4287년 근찬 최연섭" 시아버님의 소망이 이루어진 날 같다. 2015년 12월 19일 비 제막식을 했다. 제물을 차려 정성스레 제를 지낸 후 사평보수호비건립기념이라고 쓴 수건과 떡을 집집마다 돌렸다.

마을 사람들의 칭찬을 들으며 참으로 큰일을 했다는 자부심이다. 아마도 저승에서 아버님과 작은아버님 그리고 사평보를 위해 애쓰다 돌아가신 마을 어른들도 기뻐하실 것 같다.

우리도 마음이 홀가분했다.

유택을 생각하다

시아버님이 바라던 소원은 무엇일까? 자식이 잘되는 것은 물론이고 죽기 전에 해야 할 것 중에는 집 짓는 것, 약샘에 길 내는 것, 또 사평보수호비를 세우는 것이라고 생각한다. 그러고 보니 남편은 시아버님이 하고 싶은 것을 한 것이다. 부모가 원하는 것을 해드리고 싶은 것이 자식이고 자식이 하고 싶은 것을 해주고 싶은 것이 부모이다.

부모와 자식을 천륜이라고 하지 않는가? 남편은 죽어서도 부모님 곁으로 가고 싶단다. 그래서 부모님 옆에 우리가 죽어서 들어갈 자리를 만들고 싶어 했다. 나 역시도 최씨 집 맏며느리로서 당연히 시부모님과 제사를 지내드렸던 조상님 곁으로 가고 싶다. 또 한편으로는 친정어머니 곁으로 가고 싶지만 오빠나 올케가 원치 않을 것 같아서 포기하고 앞으로 남편 옆에 묻히기를 원하기 때문이다. 그리고 갑자기 상을 당했을 때 자식들이 당황하지 않도록 해 놓자는 생각도 있다. 몸이 아파서 죽게 되었을 때 말을 할 수 있을 것 같지만 생각은 있어도 육체가 마음대로 움직이지 않는다. 또 갑자기 죽을 때는 더 어쩔 수 없는 것이다. 살아서 내 손으로 할 수 있을 때 그리고 생각날 때 해놓으면 다음에 무슨 일이 있어도 걱정이 안 되는 것이다. 남편은 다른 사람보다 앞날을 예견하고 철저히 준비하는 사람이다. 그러니까 오늘날 고향땅에 새 집을 지을 수 있었다.

선산에 부모님 옆에 화장을 해서 무덤도 없이 돌을 얹어 표시를 하고자 한다. 돌에는 '사랑하는 사람아 다음에 만나세'라고 새기려 한다.

살아있는 것은 언젠가는 죽는다. 어떤 모습으로 죽느냐 따라 죽음도 달라지겠지만 자신의 유택을 만들어 놓고 죽을 수 있다는 것도 누구나 다 할 수 있는 일이 아니다. 앞으로 남편과 내가 더 얼마나 이곳에서 살 수 있을지 알 수는 없다. 살아가는 동안에 사랑하고 서로 아끼며 사람들에게 행복幸福을 나누며 따뜻한 마음으로 살아가고 싶다.

조상님이 지으신 작은 궁전

내가 살아있는 동안에는 눈에 보이는 모든 것을 아름답게 만들고 가꾸어서 후손들이 즐겁고 행복하게 살 수 있도록 최선을 다하고 싶다.

그동안 군수님도 다녀가시고 면장님과 군위원님, 형제들, 친척들, 마을 사람들, 친구들, 많은 여러분들이 이 곳을 다녀가면서 마음이 편안한 집이라고 칭송해 주었는데 앞으로 누구라도 마음 편히 쉴 수 있는 집이었으면 좋겠다.

작년 3월 달에 고성군 산림조합에서 소나무는 두고 고목이나 작은 나무들을 베어내고 파랗고 싱그러운 편백나무를 산꼭대기부터 집 주위까지 3000그루를 심어주셨다. 이 다음에 우리손자는 물론 많은 사람들이 사철 푸른 편백나무 숲을 산책하는 모습을 상상해본다.

봄에는 매화나 난초, 영산홍, 벚꽃이 피고 산속에서 노린재. 깜죽, 아까시나 밤꽃, 바위주변에는 바위취가 신부의 하얀 면사포처럼 안개같이 피워난다. 주황색의 원추리가 피고 보라색의 맥문동이 피고 건너편 언덕에 개망초까지 하얀 무리를 이룬다.

풍수에 맞게 제대로 지은집이라 그런지 생활하는데 부족함이 없고 먹을거리도 끝없이 들어오고 건강까지 좋아지니 이보다 더 좋은 곳이 있을까? 대문만 나서면 산에 들에 먹을거리가 지천으로 있다. 봄에는 엄나무 순이나 두릅도 따고 냉이, 쑥, 민들레, 머위나 고들빼기 각가지 나물거리도 많다. 여름에는 보리수나무에도 빨간 열매가 주렁주렁 열리고 산딸기나 오디도 익어서 오며 가며 따서 먹는다. 밥상에는 계절마다 올라오는 음식들을 먹으며 임금님이나 재벌회장님도 밭에서 바로 따서 이렇게 먹지는 못한다고 남편은 밥을 먹을 때마다 하는 소리다. 사람들과 마음을 나누고 이런 모든 일들이 행복하다. 남편은 집을 지으면서 "이곳에 조상님의 얼과 우리들의 열매를 심자."고 했었다. 집 앞에 100평 정도 예쁜 꽃과 많은 나무들로 아름다운 정원을 꾸몄다. 그리고 집 옆으로는 미술관을 짓는다. 조상님의 유품과 작품들, 그리고 남편의 작품을 전시할 예정이다. 오며 가며 오시는 분들에게 따뜻한 차라도 대접하고 싶다. 천국이 있다면 아마도 이런 곳이라고 생각된다. 이오니아식 기둥 사이로 푸른 하늘과 하얀 뭉게구름, 어떤 날에는 새털구름이 지나고 새들도 날아가고 산 위 신전에서 내려다보는 그런 평화로움이 있다.

맑은 공기와 푸른 자연이 펼쳐져 있고 밤하늘은 보석처럼 반짝이는 별들의 밭이 되고 기둥사이로 보이는 달은 아늑한 꿈의 동산이다.

방안에 누워서도 기품 있는 소나무가 보이고 달과 별이 보인다. 내가 방안에 누워있는 것인지 자연 속에 누워있는 것인지 분간이 안 된다.

우리가 죽고 나서도 후손들이 조상님이 지어준 작은 궁전에서 평화스럽고 행복하게 살아가기를 기원한다.

김미옥 수필집

조상님이 지으신 작은 궁전

인쇄 2018년 5월 23일
발행 2018년 5월 28일

지은이 김미옥
발행인 서정환
펴낸곳 수필과비평사
주소 전라북도 전주시 완산구 공북1길 16
전화 (063) 251-3885 (063) 275-4000
팩스 (063) 274-3131
이메일 essay321@hanmail.net sina321@hanmail.net
출판등록 제300-2013-133호
인쇄 · 제본 신아출판사

ISBN 979-11-5933-158-9 03810
값 15,000원

이 도서의 국립중앙도서관 출판예정도서목록(CIP)은 서지정보유통지원시스템 홈페이지(http://seoji.nl.go.kr)와 국가자료공동목록시스템(http://www.nl.go.kr/kolisnet)에서 이용하실 수 있습니다. (CIP제어번호: CIP2018015895)

Printed in KOREA